미래로 가는 희망 버스
행복한 화학

미래로 가는 희망 버스 6
행복한 화학

초판 1쇄 인쇄 2022년 8월 26일
초판 1쇄 발행 2022년 9월 14일

글 현선호 그림 원정민
디자인 손현주
펴낸이 김숙진·정용희

펴낸곳 (주)분홍고래
출판등록 2013년 6월 4일 제2021-000294호
주소 서울시 마포구 모래내로1길 17 상암퍼스티지더올림 911호
전화번호 070-7590-1961(편집부) 070-7590-1917(마케팅)
팩스 031-624-1915
전자우편 p_whale@naver.com
분홍고래 블로그 blog.naver.com/p_whale

© 현선호 2022

ISBN 979-11-85876-91-7 73430

* 책값은 뒤표지에 표시되어 있습니다.

품질경영 및 공산품 안전관리법에 의한 품질 표시
품명 어린이 도서 | **제조년월일** 2022년 9월 | **사용연령** 8세 이상
제조자명 (주)분홍고래 | **제조국** 대한민국 **연락처** (070)7590-1961
※경고 : 3세 이하의 영·유아는 사용을 금합니다. 종이에 베이거나 긁히지 않도록 조심하세요. 책 모서리가 날카로우니 던지거나 떨어뜨리지 마세요.

미래로 가는 희망 버스 6

행복한 화학

글 현선호 | 그림 원정민

분홍고래

작가의 말

초등학교 1학년 때 장래희망란에 '아동 문학가'라고 써서 냈습니다. 아동 문학가가 정확히 뭔지도 모르면서 말이죠. 당시 좋아하던 동시집 작가 소개글에 '아동 문학가'라고 쓰여 있었는데, 엄마에게 여쭤보니 "이런 책 만드는 사람이 아동 문학가야"라고 대답하셨기 때문입니다. '이런 책'들이 너무 좋아서 그걸 만드는 사람이 되고 싶었던 것이죠.

그 꿈은 성장하면서도 오래도록 어딘가에 남아 항상 인생의 목표 중에 '책을 쓰는 것'이 들어 있었습니다. 하지만 또 다른 좋아하는 것 목록이었던 '화학'을 진로로 선택하면서 아동 문학가가 되는 목표는 이룰 수 없을 거라고 내심 단념하기도 했습니다. 그러니 지금 이렇게 여러분에게 인사를 나누는 이 한 마디 한 마디가 제게 얼마나 설레고 감격스러운 일인지 상상이 가시나요? 저는 정말로 행복하고 또 행복합니다. 좋아하는 꿈을 두 개나 이룬 사람이니까요.

하지만 이 책이 단순히 제 꿈을 이루는 수단에서 끝나서는 안 된다고 생각합니다. 책 한 권이 만들어지기까지는 수많은 자원이 들어가지요. 저는 나무의 살을 깎아서 만들 만큼 가치가 있는 글을 쓸 자신이 없었습니다. 지금도 여전히 두렵습니다. 나무 그 자체의 생명력보다 좋은 글을 쓰기란 아마 저에겐 평생 불가능한 일인지도 모릅니다. 그래서 여러분의 도움이 간절히 필요합니다.

이 책을 읽은 여러분의 삶에 단 하나의 변화라도, 혹은 단 일말의 불씨라도 생겨서 더 행복한 화학의 미래가 만들어진다면, 나무 살덩이에 버금갈지는 모르겠지만 적어도 저의 죄책감은 많이 덜어지겠지요. 그런 변화가 더 크게 많이 일어나고, 더 많은 독자분이

'행복한 화학'이라는 미래를 만들어가 준다면, 이 책을 쓴 것이 결코 후회스럽지 않은 선택이 될 것입니다. 부디 재밌게 읽고 많이 생각해 주세요. 어른인 저도 끝까지 책임감을 갖고 함께 노력하겠습니다. 미래는 여러분의 것입니다. 미래의 주인공인 여러분을 이 책으로 만날 수 있어 영광입니다.

  곧 여정이 시작됩니다. 제가 자식처럼 사랑하는 친구 이온이가 여러분을 안내할 것입니다. 부디 편안한 마음으로 안전띠를 매고 즐겨 주세요. 한 분 한 분 빠지지 않고 평행 세계에서 만날 날까지 저는 계속 버스에 오르겠습니다.

바다에서, 현선호

차례

| 작가의 말 | 004 |

1장 화학이 일구어 온 세계

행복한 화학 나라에서 온 아이 012

요상한 버스 C118, 요상한 아이 이온 **012** • 우리 가족은 노케미 족 **018** • 화학 여행이 시작되다! **025**

가습기 살균제 사건 028

우리는 모두 화학 물질이다 030

이온이의 버스 안 실험실 **030** • 사람이 화학 물질이라고? **033** • 지구의 비밀을 푸는 숫자, 118 **038** • 데모크리토스를 만나 원자의 비밀을 듣다 **044**

화학의 위대한 발명품, 세상을 바꾸다 　050

검은 황금, 석유가 화학 혁명을 일으키다 **050** ● '세계는 석유로 장식되었다' **056** ● 살균 기술의 발전이 아이들을 구했대 **062** ● 수천만 명의 목숨을 구한 DDT **069** ● 마음껏 쪼개고 마음껏 결합해! 화학은 신의 도구? **075**

연금술에서 주기율표에 이르기까지 　079

2장 화학이 만들어 갈 미래

화학이 우리에게 준 것, 화학이 우리에게서 앗아간 것 　084

DDT의 배신, 침묵의 봄 **084** ● 안전한 화학은 가능할까? **093** ● 인간의 몸속엔 미세 플라스틱이 가득해 **097** ● 직박구리는 어디로 갔을까? **105** ● 답을 찾으려고 다시 희망 버스에 오르다 **107**

보팔 참사 　092

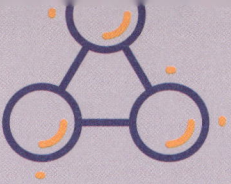
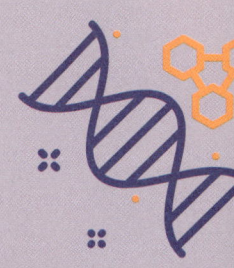

유해화학 물질에서 안심할 수 있는 사회　　113

생명보다 돈이 더 중요한 사람들 113 ● 첫 번째 미래, 화학 독성에 중독된 사람들 121 ● 지금 우리에게 화학이 필요한 이유 128

화관법과 화평법　　118

백년, 천년, 만년 뒤를 생각하는 화학　　131

두 번째 미래, 행복한 화학 나라 131 ● 세륜의 실험실 134 ● 이 공룡이 나였다고? 진짜 미래를 위한 화학 140 ● 안녕, 이온 145 ● 노케미족에서 케미족으로 한 걸음 148

행복한 화학을 위한 생각 상자　　153

참고자료 목록　　159

행복한 화학 나라에서 온 아이

요상한 버스 C118, 요상한 아이 이온

악몽으로 잠을 설친 세륜이는 하품을 하며 등굣길에 올랐다. 웬 화학 전도사에게 쫓기는 꿈이었다.

공기가 따가운 사막을 헤매고 있는데, 처음 보는 노란 옷을 입은 아이가 나타나 자신을 화학 나라에서 놀러 온 여행자 이온이라고 소개했다. 그러더니 대뜸 이렇게 말했다.

"너에 대해 다 알고 왔어. 내가 너에게 화학을 제대로 설명해 주지!"

세륜이는 어이가 없어서 시크하게 대꾸했다.

"알긴 뭘 알아. 난 화학 싫어해."

사실이었다. 노란 옷의 아이에게 악감정은 없었지만 화학이라면 질색이었다. 그런데도 비켜 줄 기미가 없는 노란 옷의 아이를 피해 세륜이는 반대 방향으로 몸을 돌렸다. 그런데 이온 녀석이 자꾸 세륜이를 막아서며 화학을 알려 주겠다고 쫓아왔다.

그 바람에 세륜이는 의도치 않게 모래바람 속에서 추격전을 벌여야 했다. 달리기가 특기인 세륜이는 무릎에 힘을 주어 멀리 내달렸다. 이온이가 뒤에서 외쳤다.

"잠깐 기다려! 내가 화학에 대해 제대로 알려 준다니까!"

"화학이라면 질색이라니까! 그만 쫓아와, 이 화학 타령꾼아!"

그렇게 실랑이를 하며 도망가다가 막다른 길에 도달하고 말았다. 총천연색 기름이 둥둥 떠다니는 화학 약품 바다가 보이는 낭떠러지였다. 세륜이는 머뭇거리며 주춤했지만 더는 도망갈 곳이 없었다. 뒤에서 '화학화학' 돌림 노래를 부르는 이온이가 쫓아왔다.

"이제 됐다, 헉헉. 내 얘기 좀 들어 봐."

이온이가 숨을 몰아쉬며 다가왔고, 세륜이는 그냥 눈을 질끈 감고 낭떠러지로 뛰어내렸다.

"앗, 잠깐만! 야, 정말 그렇게 싫어?"

낭떠러지 위쪽에서 이온이의 목소리가 들려왔지만 세륜이는 대꾸할 틈도 없이 약품 바다에 풍덩 빠져들었다. 그 순간 잠에서 깨어났다.

정말 여러모로 끔찍한 꿈이었다. 세륜이는 가슴을 여러 차례 쓸어내리며 기억을 되새겼다.

"꿈이어서 참 다행이지. 무슨 그런 이상한 녀석이 다 있담."
세륜이는 그렇게 중얼거리며 한숨을 쉬다 입 근처를 만지작거렸다.
"아, 따가워……."
아침에 굵은 소금으로 양치질하다가 잇몸에 상처가 났다. 침이 닿을 때마다 쓰라렸다. 세륜이네는 공장에서 만든 치약을 쓰지 않는다. 그래서 어렸을 때부터 줄곧 소금이나 허브 파우더로 이를 닦았다. 학교에서 몇 번 친구 치약을 빌려 쓴 적이 있을 뿐이다. 소금은 치약보다 덜 개운하고 상처가 날 때도 많았다. 그래도 화학을 피하려면 도리가 없었다.
아픈 곳을 살피려고 길가에 주차된 자동차 유리에 잇몸을 비췄다. 한 손으로 입술을 잡고 상처를 여기저기 보고 있을 때, 누군가 세륜이를 불렀다.
"그냥 치약 쓰는 게 낫지 않아?"
"악!"
말을 건 건 간밤에 꿈에서 본 바로 그 노란 아이, 화학 찰거머리 이온이었다. 세륜이는 너무 놀라 말을 더듬었다.
"네, 네가 어떻게 여, 여길……."
꿈인가 싶어 세륜이가 자신의 볼을 힘껏 꼬집었다. 볼이 아팠다. 꿈에서 깨지도 않았다.
"아하하. 여기서도 꿈인지 확인할 때 볼을 꼬집니? 걱정하지 마. 꿈이 아니니까. 아니, 꿈이 아닐까 봐 걱정하는 건가?"
이온이가 여전히 노란 옷을 입은 채 껄껄 웃었다. 세륜이는 신주머니를 꽉 움켜쥔 채 주변을 살폈다. 여차하면 도움을 청해야 하니까. 이온이 뒤에는 꿈속에서 본 노란 버스가 있었다. 운전석에 앉은 사람이 양손을 흔들었다. 운전사는 수염이 덥수룩한 어른이었는데, 유리창에 납작하게 이마를 댄 채 세륜이와 이온이를 보고 있었다.

세륜이가 차에 등을 대고 침을 꿀꺽 삼키자 운전사가 말했다.

"이온, 너무 겁주지 마."

"겁주려던 건 아닌데."

이온이가 반 발자국 물러났다가 손을 내밀며 말했다.

"세륜아, 반가워. 어제 꿈속에서 널 보고 흥미가 생겨서 찾아왔어. 다시 정식으로 인사할게. 나는 시간과 차원을 건너다니는 여행자 이온이라고 해. 저기 운전사는 아르곤이야."

"시간과 차원을 건너다닌다고?"

"응. 이 버스를 타면 어떤 시간이나 공간으로든 갈 수 있거든. 우리 세계의 자랑, 희망 버스 C118이지."

여전히 의아한 표정을 짓고 있는 세륜이에게 이온이는 자기 세계가 평행 우주 속 우리 은하에 있으며, 지구와 똑같이 생겼지만, 화학이 고도로 발달해 안정적으로 정착한 화학 중심 행성이라고 설명했다. 이온이는 그 행성에서도 특히나 화학 기술의 선두에 있는 나라에서 왔다고 했다.

"이름은 '행복한 화학 나라'야."

이온이가 자랑스럽게 말했다. 세륜이는 이온이의 입에서 화학이라는 단어가 나올 때마다 불쾌감이 커졌다. 화학 나라에서 온 애가 왜 자신에게 찾아온 건지 알 수 없었다.

"그런데 내게 무슨 흥미가 생겼다는 거야? 난 화학 싫어해."

세륜이가 단호하게 말하자, 이온이가 알고 있다는 듯 답했다.

"알고 있어. 그래서 온 거야."

"뭐라고?"

"화학을 오해하고 있는 네게 제대로 알려 주고 싶어. 화학이 뭔지, 어떻게 쓰면 되는지."

"난 오해하는 거 없어. 화학은 위험하고, 그러니까 피하는 것뿐이야. 그 이상은 궁금하지도 않고 더 알고 싶지도 않아. 지금도 우리 가족은 화학 없이 살고 있어."

"그 피가 나는 잇몸으로 사는 거 말이야?"

이온이가 세륜이의 입을 보며 말했다. 세륜이는 한 손으로 입을 가렸다.

"넌 착각하고 있어. 이 세상에 화학 없이 살 수 있는 생명은 없어. 숨 쉬는 것 자체가 화학 반응인걸."

세륜이가 헛소리 말라며 흘러내린 가방을 고쳐 멨다. 떠나려는 세륜이를 보고 이온이가 목소리를 바꾸어 말했다. 뭔가 고백하는 투였다.

"세륜아, 실은 나 네가 왜 그렇게 화학을 두려워하는지 알고 있어. 희망 버스를 타고 시간 여행을 했거든. 너희 가족에게 무슨 일이 있었는지 난 알아. 나륜이에게 무슨 일이 있었는지도……."

동생 이야기가 나오자 세륜이가 우뚝 멈춰 섰다.

"네가 내 동생이름을 어떻게……."

세륜이는 이온이를 돌아보며 눈을 동그랗게 떴다. 정체불명의 아이가 세륜이의 가족에게 생긴 일을 정말 알고 있는 걸까? 어디까지 알고 있다는 걸까? 세륜이는 어젯밤 엄마와 아빠가 나누던 대화가 생각났다. 갑자기 울컥 눈물이 날 것 같았다.

우리 가족은 노케미족

"다녀왔습니다."

현관문을 열자 기다렸다는 듯 동생 나륜이가 세륜이에게 매달렸다.

"언니! 온종일 기다렸어! 엄마도 볼일 있다고 아침부터 나가고 없어서 얼마나 심심했다고."

"알았어, 근데 달라붙지 마! 언니 더러워, 씻고 올게."

세륜이는 온몸을 꼼꼼하게 씻었다. 폐가 아픈 동생에게 행여나 나쁜 물질이 닿을까 봐 걱정됐다. 세륜이는 천연 비누로 거품을 잔뜩 낸 면 타올로 빈틈없이 몸을 문질렀다. 세륜이가 화장실에서 나오자마자 나륜이가 와락 팔을 붙잡았다.

"이제 놀자!"

"알았다니까. 그전에 밥부터 먹자. 약 먹어야 하니까."

세륜이는 냉장고에서 아침에 아빠가 만들어 놓은 김치볶음밥을 꺼내 전자레인지에 데웠다. 좋아하는 메뉴였지만 먹고 싶은 기분이 들지는 않았다. 식사 시간만 되면 마음이 무거운 데다, 오늘도 나륜이가 학교에 가지 못했기 때문이다.

그릇을 비우고도 세륜이는 자리에서 일어나지 않고 나륜이를 기다렸다. 나륜이가 밥을 다 먹자 세륜이는 약 가방을 꺼내 왔다.

나륜이 앞에 스물세 종류의 알약이 놓였다. 나륜이는 약을 한 알 한 알 쥐고 나눠서 삼키며 약 먹는 게 힘들고, 약만 먹어도 배가 부르다고 했다. 어릴 때는 약을 몰래 빼놓고 숨겨 두기도 했다. 하지만 먹어야 할 약을 먹지 않은 나륜이가 한밤

중에 발작을 일으키는 바람에 비밀스러운 숨바꼭질은 오래가지 못했다. 이제 나륜이는 약을 감추지 않는다. 약이 싫지만 적응했다고 했다. 세륜이는 그런 동생이 안쓰러웠다. 동생은 남들보다 몸이 조금 아프다. 사람들은 나륜이를 '가습기 살균제 피해자'라고 부른다. 나륜이가 가습기 살균제 피해자라는 사실은 오래도록 세륜네 가족을 힘들게 했다.

　엄마가 나륜이를 임신했을 때부터 낳고 난 뒤에도 쓰던 가습기가 있었는데, 그 가습기를 깨끗하게 하는 약품인 '가습기 살균제'가 알고 보니 폐를 망가뜨리는 치명적인 성분으로 이뤄져 있었던 것이다. 나륜이를 임신하고부터 피부가 건조해 가습기를 자주 사용하던 엄마는 어느 날부터 영문 모를 고통에 시달렸다. 나중에 병원에 갔을 때는 이미 폐가 많이 손상된 상태였다고 한다. 한번 망가진 폐를 낫게 하는 방법은 없었다. 그런데 병원에서도 무엇이 원인인지 잘 몰랐기 때문에 엄마는 계속 가습기를 썼고, 가습기 살균제도 썼다. 끔찍한 일이었다.

　그러는 사이 동생 나륜이가 태어났다. 나륜이는 태어날 때부터 심한 천식을 앓았다. 엄마는 병이 유전되었다고 생각해서 자신을 책망했다. 나륜이에게 건강한 폐를 만들어주지 못한 게 자기 때문이라고 생각하며 울었다. '가습기 살균제'라는 것이 그 모든 일의 원흉이라는 사실이 밝혀진 건 나륜이가 태어난 지 2년이나 지난 뒤였다.

　텔레비전에서 가습기 살균제 뉴스가 나오던 날, 엄마는 충격으로 쓰러지고 말았다. 그날도 세륜이네 찬장에는 뉴스에 나온 제품이 놓여 있었기 때문이다. 이런 사실을 꿈에도 몰랐던 사람은 전국에 너무나 많았다. 그저 조금 더 깨끗하게 가습기를 쓰려고 했던 많은 사람이 영문도 모른 채 죽거나 병을 앓았다. 그런데도 가습기 살균제 때문에 나륜이가 아프다는 사실을 인정받기까지는 다시 오랜 시간이 걸렸다. 이 싸움을 하는 동안 부모님은 완전히 지쳐 버렸다.

밥과 약을 다 먹은 나륜이가 세륜이를 방으로 이끌었다. 낮 동안 새로 얼굴을 그린 돌멩이 인형을 세륜이에게 내밀며 말했다.

"이거 조금 코끼리 같지 않아?"

"그러네, 어디서 났어?"

"지난번에 계곡에서 주워 온 걸 새로 분류했거든. 아무래도 이건 확실히 코끼리다 싶어서 오늘은 얼굴을 그렸어."

"괜찮다."

코끼리가 생긴 김에 아프리카 초원을 배경으로 인형 놀이를 했다. 그 사이 퇴근한 아빠가 멀찍이 서서 인사했다. 세륜이와 나륜이는 얼굴만 쏙 내밀고 아빠랑 인사하고는 계속 인형 놀이를 했다. 집에는 가게에서 파는 장난감이 하나도 없다. 부모님이 절대로 만지지 못하게 하기 때문이다.

가습기 살균제 사건이 터진 직후엔 살균제만 멀리했는데, 얼마 지나지 않아 발암 물질 치약 사건까지 터지자 엄마는 모든 화학 제품을 불신하게 됐다. 어떤 것도 믿을 수 없다고 했다. 집에서 쓰는 치약이 뉴스에 나온 치약 목록에 있었기 때문이다.

유치원 때라 기억이 희미하지만 세륜이는 엄마의 절망스러운 표정만은 확실하게 기억한다. 엄마는 쓰레기통을 들고 화장실에 달려가 치약이며 샴푸, 린스, 비누까지 모두 쓸어 담았다. 엄마는 화학 약품들이 '독약'이라고 했다. 어떤 것도 쓰면 안 되고 만져도 안 된다고 말했다. 그리고 세륜이와 나륜이의 입을 벌리고 물로 헹구게 한 뒤 둘을 끌어안고 울었다.

'미안해. 나륜아, 세륜아.'

그 뒤 부모님은 화학 제품을 쓰지 않도록 온 신경을 기울였다. 장난감도 아무 거나 가질 수 없는 것은 물론이거니와 교실에 있는 레고조차도 색을 낸 물감에 독성이 있을지 모른다며 만지지 말라고 신신당부했다. 집 안에 비누며 로션이며 세제 중 어떤 것도 공장에서 만들어진 것을 사용하지 않았다. 모두 엄마가 직접 천연재료로 만들어서 썼다.

가족은 그렇게 '노케미족(no chemistry 族)'이 되었다. 노케미족은 화학 제품을 최대한 쓰지 않고 살아가려는 사람들을 말한다.

어릴 때부터 노케미족으로 살아온 세륜이는 지금의 생활에 적응하지만 학교를 다니다 보니 불편한 부분도 조금씩 생겼다. 가끔은 돌맹이 대신 멋있는 로봇을 가지고 놀고 싶었고 부모님이 만들어 준 천연 크레용 대신 30색 물감으로 그림을 그려보고도 싶었다.

그래도 불만을 가진 적은 없다. 나쁜 건 화학이었으니까. 나륜이를 아프게 하고 불편을 가져다준 건 모두 화학의 잘못이니까.

코끼리 돌맹이로 한참 놀던 나륜이가 드디어 졸리다며 하품을 했다. 세륜이가 이불을 펼치고 일어나자 나륜이가 물었다.

"언니는 안 자?"

"난 오늘 빌린 책 좀 보다 잘래."

"으응. 알았어."

세륜이는 전등을 끄고 스탠드를 켰다. 이불을 덮은 뒤에도 나륜이는 한참 조잘거리다가 잠들었다. 학교에서 뭘 했냐, 탈출 놀이는 했냐 하며 질문을 쏟아냈다. 세륜이는 하나하나 열심히 대답했다. 나륜이가 완전히 잠든 뒤에야 비로소 빌려온 생물학 책에 집중했다.

'열심히 공부해서 꼭 나륜이를 낫게 해 주고 같이 뛰놀아야지.'

마음을 다잡고 책을 읽으려는데 현관문이 열리는 소리가 들렸다. 엄마가 도착한 모양이었다. 아빠가 방에서 나와 엄마를 맞이했다. 엄마 아빠의 말소리가 띄엄띄엄 들려왔다.

"기자 회견은 어땠어?"

"잘 끝났어. 하지만 기자들이 많이 오진 않았어. 지나가는 사람들도 특별히 관심을 보이지 않았고."

"가습기 살균제 문제 같은 거, 다른 사람들에겐 10년도 넘은 옛날 얘기일 테니까. 몸은 괜찮았어?"

"산소통 때문에 무거워서 홍대역까지 오가는 게 좀 힘들긴 했어. 그래도 그런 건 괜찮았어. 그것보단……."

엄마의 목소리가 떨렸다. 세륜이도 가슴이 떨렸다.

"신정연 씨 아드님이…… 지난달에…… 세상을 떠났대."

"뭐라고?"

"우리한텐 일부러 알리지 않았대."

엄마가 울기 시작했다. 세륜이는 정연 아줌마네 아들을 안다. 나륜이처럼 가습기 살균제로 아팠던 친구였다. 피해자 모임에서 몇 번 본 게 전부였지만 나륜이랑 나이가 같고, 같은 제품을 쓴 피해 가족이기에 기억에 남았다. 콧줄을 끼고 있지만 잘 웃고 즐겁게 놀던 아이였는데. 그 사이 세상을 떠났다니 믿기지 않았다.

"정연 씨가 담담하게 자유 발언을 해서 눈물이 났어. 나륜이랑 동갑인데. 우리 나륜이에게도 무슨 일이 생길까 봐 무서워서 참을 수가 없어."

세륜이는 쿵쾅쿵쾅 커지는 자신의 심장 소리를 들으며 곤히 잠든 동생을 내려다 보았다. 나륜이의 숨소리에서 바람 새는 소리가 났다. 닫힌 문을 넘어 엄마가 오열하듯 외치는 소리가 들렸다.

"그런데도 법원은 살균제 제조 기업들에게 무죄를 선고했다니! 이게 있을 수 있는 일이야?"

화학 여행이 시작되다!

"무슨 생각을 그렇게 오래 해?"

이온이의 물음에 세륜이는 퍼뜩 정신을 차렸다. 그리곤 이온이에게 물었다.

"너랑 여행하면 내 동생이 나을 방법을 알 수 있다는 거야?"

"그런 셈이지."

세륜이는 자신을 배웅하던 나륜이를 떠올렸다. 오늘도 학교에 가지 못한 나륜. 세륜이는 언젠가 나륜이와 같은 학교를 다니길 바랐다. 하지만 언제 그런 일이 가능할지 알 수 없었다. 빨리 어른이 되어 의사가 되는 것만이 엄마와 나륜이를 도울 방법이라고 생각했다. 하지만 그 길은 멀기만 했다.

이온이는 지금처럼 화학을 멀리하기만 해서는 똑같은 미래가 반복될 뿐이라며, 동생이 마음 놓고 살아갈 세상을 바라지 않느냐고 다시 한 번 물었다. 동생이 드넓은 언덕에서 마음껏 뛰노는 모습을 상상했다. 정말 그런 일이 가능하다면 무엇이든 할 수 있을 것 같았다.

노란 옷의 이온이가 양팔을 쫙 펼치며 말했다.

"나와 같이 희망 버스에 오르자! 이걸 타고 여행하면 내가 화학을 알려줄게! 행복한 화학 세상을 만들 수 있는 화학!"

세륜이가 이온이의 말을 들으며 버스를 쳐다봤다. 세륜이는 행복한 화학이란 게 진짜 있을지 의심스러웠지만, 작은 실마리라도 있다면 꼭 확인하고 싶었다.

"좋아. 널 따라갈게."

"야호!"

"그런데 나 지금은 학교 가야 해. 수업은 1분 1초도 놓칠 수 없어."

"에엑?"

이온이가 고개를 절레절레 흔들었다. 운전사도 팔짱을 낀 채 고개를 절레절레 흔들었다.

"어휴, 다른 친구들이었다면 학교에 안 가도 된다며 좋아했을 텐데! 걱정하지 마. 이 버스는 현실의 흐름에 조금도 영향을 주지 않는단 말이야."

"그래? 그래도……."

세륜이가 의심스러운 눈초리로 버스를 바라보자 이온이가 먼저 버스로 달려가면서 "얼른 안 타면 두고 간다!"라고 외쳤다. 세륜이는 눈을 질끈 감고 노란 버스를 향해 성큼성큼 걸어갔다. 운전사가 물개 박수를 치며 세륜이를 맞이했다. 버스 안 풍경에 눈이 휘둥그레진 세륜이에게 이온이는 아무 데나 앉으라며 손짓한 뒤 운전사에게 말했다.

"아르곤, 고대 그리스로 가요!"

"희망 버스 C118, 고대 그리스로 출발합니다. 안전띠를 매 주세요."

부워어어엉!

노란 버스에서 큰 소리가 나고 거칠게 흔들리더니 순식간에 하늘로 날아올랐다. 이온이가 어리둥절한 표정으로 자신을 보는 세륜이를 향해 엄지손가락을 치켜들며 '와하하' 웃었다.

가습기 살균제 사건

    2011년, 전국 곳곳에서 임산부와 어린아이들이 영문 모를 폐의 이상으로 폐를 이식받거나 숨지는 일이 발생했습니다. 조사 결과 가습기 살균제를 흡입한 것이 원인으로 밝혀졌습니다. 가습기 살균제에 들어 있는 유해 화학 물질 때문에 발생한 사건이었죠. 2022년 4월 기준, 가습기 살균제 때문에 죽은 공식적인 사망자 수는 1,784명에 이릅니다. 인과관계를 증명 받지 못한 사망 피해자는 1만 4천 명으로 추산됩니다. 질병관리본부는 2011년 11월 11일, 피해 신고된 6종의 가습기 살균제를 전량 리콜 명령합니다. 이후 가습기 살균제 사건에 책임이 있는 업체와 연관된 사람들의 길고 긴 재판이 시작되었습니다. 피해자들은 매년 늘어났고 상태는 계속 악화되었지만 보상과 구제 조치는 턱없이 부족했습니다. 가습기 살균제 사건과 연류된 업체들은 가습기 살균제와 폐 손상에 직접적인 연관성이 없다고 주장했습니다. 한 제조업체인 '옥시'는 과학자를 매수해 유해성 실험 보고서를 조작하기도 했습니다. 가습기 살균제로 건강 피해를 경험한 사람이 67만 명에 달하는 상황에서 이와 같은 주장은 그야말로 '눈 가리고 아웅'이었죠. 그런데 가습기 살균제 사건이 공식적으로 드러난 지 10년이 되는 해인 2021년 1월 12일, 법원은 가습기 살균제를 제조 또는 판매한 업체인 SK케미칼, 애경산업, 이마트에게 무죄를 선고했습니다. 가습기 살균제의 화학 성분이 폐 손상과 직접적인 관계가 증명되지 않았다는 업체들의 주장에 손을 들어준 것입니다. 여전히 평범한 일상생활조차 마음껏 누릴 수 없는 피해자들에게는 청천벽력과 같은 소식이었습니다. 검찰은 법원의 이와 같은 판결에 곧바로 항소했고 재판은 앞으로도 이어질 예정이지만, 피해자들이 응당히 받아야 할 피해 사실에 대한 사과와 보상이 제대로 이루어지려면 앞으로도 긴 싸움과 국민들의 관심이 필요할 것으로 보입니다.

우리는 모두 화학 물질이다

이온이의 버스 안 실험실

"이제 안정권에 들어갔으니 벨트를 풀어도 돼."

"응. 근데 이 버스 뭐야? 굉장하다."

"우리의 보물이자 내 실험실이야. 일어나. 소개해 줄게."

이온이가 세륜이의 손을 잡아끌었다. 버스는 앞쪽의 좌석 몇 개를 빼면 전부 실험 장비들로 채워져 있었다. 창문에는 여러 크기의 실린더가 걸려 있고 굵기가 다양한 스포이드로 가득했으며, 한쪽 진열장에는 버스가 아무리 흔들려도 미끄러질 생각을 하지 않는 알록달록한 정체모를 액체들이 꽉 차 있었다. 이온이가 신난 목소리로 이곳저곳 손가락으로 가리키며 설명하는 동안 세륜이의 눈과 입은 놀라움으로 점점 동그래졌다.

"여기 있는 것들 전부 네 거야?"

"그럼! 갖고 싶은 시약 있으면 줄게! 난 또 만들면 되니까. 말만 해, 말만."

"딱히 갖고 싶은 시약 같은 건 없는데. 근데 이건 뭐야?"

세륜이가 해골 모양과 '주의! 이온 외에 손대지 말 것!'이라고 적힌 병을 가리켰다. 이온이가 말을 더듬으며 병을 뒤쪽 줄로 옮겼다.

"얘, 얘는 아직 합성 중인 미완성작이라……. 위험한 건 아니지만 냄새가 너무 지독해서 한 번 열면 일주일 동안 버스에서 스컹크 방귀 냄새가 나."

세륜이는 '그 정도면 충분히 생화학 무기로써 위험한 거 아니야?'라고 생각하며 코를 찡그렸다. 아르곤이 운전석에 앉아 "지난번에 내 옷에 한 방울 묻는 바람에 아빠가 집에도 못 들어오게 했어"라고 거들었다. 이온이는 대수롭지 않다는 듯 웃으며 다른 칸 진열장으로 몸을 돌렸다.

"너는 이 많은 작품 중에 하필 저걸 골라내니? 좋은 게 얼마나 많은데."

핀잔 섞인 말투였지만 이온이는 즐거워 보였다. 세륜이도 어느새 날고 있는 버스에 익숙해졌다. 빛을 받을 때마다 반짝거리는 여러 색깔의 유리병도 예쁘고 구름과 별을 지나는 바깥 풍경도 멋졌다. 꿈을 꾸는 것 같았다.

"아, 이게 있었지."

세륜이가 창밖을 보는 동안 이온이가 진열대 맨 위 칸에서 푸른 액체가 든 병을 꺼냈다. 뚜껑을 열어 냄새를 맡더니 세륜이에게 말했다.

"음, 역시 잘 됐어! 세륜아, 잠깐 손 좀 내밀어 볼래?"

"손?"

세륜이가 손바닥을 내밀자 이온이가 병을 기울였다. 푸른 액체가 입구를 향해 흘러내렸다. 세륜이는 너무 놀라 소리를 질렀다. 세륜이가 휘두른 팔에 맞은 병이 쨍그랑 소리를 내며 버스 바닥에 떨어졌다. 아르곤이 운전석에서 뒤를 돌아보았다.
　"미, 미안. 하지만……."
　"'화학은 싫다'인 거야?"
　이온이가 무릎을 구부려 버스 바닥에 흐른 액체를 손가락으로 훑었다. 세륜이가 걱정스러운 듯 표정을 찡그리며 말했다.
　"화학 약품은 위험해. 함부로 만지면 안 돼."
　이온이는 파란색으로 물든 손을 문지르며 자리에서 일어났다. 이온에게서 향기로운 라벤더 냄새가 났다.

사람이 화학 물질이라고?

　이온이가 자리로 돌아가자며 손을 내밀었지만 세륜이는 그 손을 잡을 마음이 들지 않았다. 이온이가 그대로 몸을 돌려 의자로 걸어갔다. 세륜이는 그 뒤를 따라갔다. 아르곤이 버스를 '자율 주행 모드'에 맞춰 두고 쓰레받기와 빗자루를 들고 버스 뒤편으로 향했다.
　"세륜, 화학이란 뭘까? 알고 있니?"
　자리에 앉은 이온이가 세륜이에게 물었다. 실험실을 소개해 줄 때만큼 신나 보이지는 않았지만, 유리병을 깨뜨렸다고 화내는 것 같지도 않았다. 세륜이는 미안한 마음에 성심성의껏 대답하고 싶었다. 하지만 마땅히 생각나는 것이 없었다.

"글쎄, 잘 모르겠어. 그렇지만 화학으로 만든 게 화학 물질이고 그게 위험하다는 사실은 알아."

"화학 물질이 위험하다고? 하지만 세륜아, 너도 화학 물질인걸."

"내가 화학 물질이라고? 무슨 말이야. 화학 물질은 공장에서 만들어지는 거 아니야?"

"놀랍게도 아닙니다! 그렇게 오해하는 분들이 많죠!"

이온이가 퀴즈쇼 진행자처럼 말했다. 그러더니 어디서 튀어나왔는지 모를 알록달록한 공들을 공중에 띄워 자유자재로 가지고 놀기 시작했다. 얼추 백 개는 넘어 보이는 공이 이온이의 주위를 감쌌다. 세륜이는 영문을 알 수 없어 다시 물었다.

"그럼 뭐냐고."

"화학을 이해하려면 먼저 원자와 원소를 알아야 해."

"원자와 원소? 그게 뭐야?"

"깔끔하게 말하자면 물질을 이루는 최소 단위가 원자고, 같은 원자로 이뤄진 성분 물질을 원소라고 해."

세륜이가 외계어를 들은 것 같은 표정으로 이온이를 바라보자 이온이가 공으로 저글링을 하면서 말했다.

"세륜아, 네가 가장 좋아하는 게 뭐야?"

"가장 좋아하는 거? 음, 내 동생?"

"아, 그걸 쪼개는 건 좀 그렇네. 그럼 네 방에 있는 물건 중에 맘에 드는 거 하나만 골라 봐."

"쪼갠다고?"

세륜이는 잠시 당황했지만 일단 질문에 답하려고 기억을 더듬었다. 어제 동생과 가지고 놀던 코끼리 돌멩이가 떠올랐다.

"돌멩이."

"좋아. 그걸 아주 잘게 쪼개면 뭐가 될까?"

"작은 돌멩이가 되겠지."

"응. 하지만 그보다 훨씬 더, 더 많이 쪼개야 해. 형태도 안 보이도록 더 쪼개면 뭐가 남을까?"

"모래?"

"좋은 생각이야. 그렇지만 모래도 얼마든지 더 작게 쪼갤 수 있어. 그럼 뭐가 되지?"

세륜이는 모래보다 작은 걸 본 적이 없다. 그런 게 있다 해도 뭐라고 부를지 알 수 없었다.

"모르겠어. 모래도 쪼개져?"

"물론이야. 모래 한 알만큼 작아진 돌을 더 작게, 작게, 한없이 작게 쪼개는 거지. 그러면 결국 마지막에는 돌을 이루는 최소 물질이 남게 돼. 그게 바로 물질을 이루는 기본 단위, 원자야."

"그게 어떻게 생겼는데?"

이온이가 순간 난감한 표정을 짓더니 살짝 얼버무리며 말했다.

"도, 동그란 공모양처럼 생겼어. 그러니까 돌멩이는 네가 눈으로 도저히 볼 수 없는 아주아주아주 곱하기 일억 구천칠백팔십 만큼 작은 공들이 모인 물질이고, 화학은 그 물질의 기본이 되는 공들의 성질을 연구하는 학문이야."

"물질이 공들의 모임이라고? 나도 그렇단 말이야?"

"응! 이 세상에 있는 모든 물질은 이런 공들의 결합으로 이루어져 있어. 살아 있는 것이든 생명이 없는 것이든 인공적으로 만든 물건이든 자연 속 공기든 물이든, 이 세상에 존재하는 모든 물질은 어떤 것도 예외 없이 원자로 되어 있지."

"그건 말도 안 돼. 돌멩이는 울퉁불퉁하니까 잘 들여다보면 공 같은 작은 입자로 돼 있을 수도 있지만, 내 피부는 매끄럽고 돌멩이처럼 부스러지지도 않잖아."

"그건 너와 돌멩이를 이루는 원자의 종류, 즉 원소가 다르고 그에 따른 화학적 성질이 다르기 때문이야. 하지만 돌멩이나 너나 공들의 모임이라는 건 똑같아."

세륜이는 머리가 지끈거려 더는 이온이의 말을 따라갈 수 없었다.

"잠깐 잠깐, 멈춰 봐. 나 정리가 안 돼. 돌멩이랑 공이랑 나랑 원자랑 다

뭔지 모르겠어."

세륜이가 이마를 짚으며 손을 절레절레 흔들자 이온이가 키득키득 웃으며 말했다.

"걱정하지 마. 앞으로 1천 퍼센트 아니 200만 퍼센트 이해하게 해 줄게."

지구의 비밀을 푸는 숫자, 118

세륜이를 이해하게 해 주겠다고 자신 있게 외친 이온이의 주변에는 여전히 색색깔의 공이 떠다녔다. 세륜이는 그중 하나를 가리키며 말했다.

"그럼 이 공들이 원자야?"

이온이가 검은 공 하나를 건드리며 답했다.

"비슷해. 하지만 원자는 아니고, 원소를 설명하려고 내가 만든 모형이야."

'이건 또 무슨 말이람?'

"지금 여기 있는 건 2022년 기준 너희 세계 인류가 알아낸 118 종의 원소야."

"원소? 아까도 네가 잠깐 말했지만, 원소는 또 뭐야? 원자랑 달라?"

"원자가 한 개, 두 개, 이렇게 셀 수 있는 입자라면 원소는 그 원자가 가진 화학적 성질을 가리키는 개념이야. 쉽게 말하자면 원자는 각각의 공을, 원소는 공의 종류를 뜻하지."

세륜이는 평소에 이해력이 부족하다고 생각한 적이 없는데 오늘만큼은

머리가 아파왔다.

"나 200만 퍼센트 이해하게 되는 거 맞지? 하나도 모르겠는데."

"기죽을 거 없어 세륜아. 넌 지금 우주 만물을 이루는 가장 근원적인 개념을 배우는 거잖아. 지난 몇 천 년 동안 위대한 과학자들조차 알아내지 못했던 우주의 비밀을 말이야."

"알았어. 다시 차근차근 시도해 볼게."

"좋아, 이렇게 생각해 봐. 블록 쌓기 해 본 적 있지?"

"아니."

"어, 어, 그렇구나. 미안. 그, 그럼 블록 쌓기가 뭔지는 알아?"

세륜이의 대답에 당황한 이온이가 버벅대며 어쩔 줄 몰라 했다. 세륜이가 피식 웃으며 말했다.

"응. 학교에 있어. 친구들이 하는 거 자주 봤어."

"그래. 그러면 너에게 블록이 1번부터 10번까지 열 종류 있고, 그걸 조합해서 원하는 모양을 만든다고 생각해 봐. 1번 블록만 붙여서 만들 수도 있고 1번이랑 2번 블록을 붙일 수도 있고 3번, 4번, 7번을 조합해서 만들 수도 있겠지?"

"그럴 것 같네."

"좋아. 그럼 여기서 블록 한 개 한 개가 원자고, 블록을 붙여서 만든 결과물이 물질이야. 한 종류의 블록만으로 된 물질은 원소고."

세륜이는 이온이가 뭔가 말을 더 하길 기다렸지만, 이온이는 눈을 말똥 말똥 감았다 폈다 하며 세륜이를 쳐다봤다. 잠시 침묵이 흐른 뒤 세륜이가 외쳤다.

"그게 다야?"

"응. 생각보다 간단하지?"

"이 세상 모든 물질이 블록 쌓기처럼 원자라는 작은 공들의 조합으로 돼 있다, 이게 끝이라고?"

"응. 그 공들을 어떤 조합으로 붙이느냐에 따라 물질의 성질이 완전히 달라지는데, 그걸 연구하는 게 화학이야. 너도 공들의 조합이니까 화학 물질이지."

"그럼 세상은 엄청나게 많은 종류의 블록으로 돼 있겠네."

"아니. 블록의 개수, 즉 원자의 수는 무한히 많지만, 원소의 가짓수는 백여 개밖에 안 돼."

"그럼 지구의 모든 물질을 잘게 쪼개서 같은 종류끼리 나눠 담으면 고작 백 몇 개로 분류할 수 있단 말이야?"

"완전 이해력이 라부아지에급이네, 우리 세륜이. 인류가 발견한 원소

118개를 이해하면 지구상의 모든 물질의 성질을 이해할 수 있어!"

실험실 청소를 끝내고 온 아르곤이 어느새 두 사람 옆에 앉아 퐁퐁 박수를 쳤다. 세륜이는 이렇게 넓고 무한한 세상을 118개 종류의 블록으로만 쌓을 수 있다는 사실이 신기했다. 자기 자신도 그 블록을 쌓아 만든 것이다. 비로소 돌멩이나 세륜이나 공들의 모임이라는 말이 무슨 의미인지 어렴풋이 와 닿았다.

'나는 어떤 원소들로 이루어졌을까?'

세륜이는 자신의 손을 보며 생각했다. 검은 공이 세륜이에게 날아왔다. 세륜이가 물었다.

"이온, 이 검은 원소의 이름은 뭐야?"

"그건 탄소야. 돌멩이에도 들어 있지만 너를 이루는 원소이기도 해."

"그렇구나."

세륜이는 반가운 마음에 검은 공을 어깨에 올려 두었다.

"그런데 지금까지 발견한 원소가 118개라면 아직 못 찾아낸 게 있다는 거야?"

● **라부아지에** Antoine-Laurent Lavoisier 근대 화학의 창시자.

"아니. 지구상에 자연적으로 존재하는 원소는 98가지야. 지금까지 발견한 원소가 118가지인 이유는 20세기 중반부터 과학자들이 실험을 하면서 20여 종의 원소를 인공적으로 합성했기 때문이지. 인공적으로 만든 건 특수한 경우고, 대부분의 물질은 원래 존재하던 100가지 정도의 원소로 이루어져 있다고 보면 돼."

"그럼 100가지 종류의 공이 어떻게 뭉쳐 있느냐에 따라 서로 다른 물질이 되는 거고?"

"그렇지! 정말 대단해, 세륜. 벌써 1000퍼센트 정도는 온 거 같은데? 그럼 이제 다음으로 가자."

"이야호! 좋아, 다음이 뭔데?"

세륜이가 들뜬 마음으로 신나게 외쳤다. 이온이가 활짝 웃으며 말했다.

"사실 원자는 공이 아니야."

"뭐어어?"

세륜이는 어이가 없었다. 아르곤을 향해 억울한 눈빛을 보냈지만 아르곤은 곤란한 듯 뒷머리를 벅벅 긁을 뿐이었다.

"실컷 설명해 놓고 지금 장난치는 거야?"

"하하. 미안. 하지만 설명하기 쉬우려면 공으로 비유하는 게 가장 빨랐거든. 이제 네가 원자와 원소를 정확히 이해했으니 거기서 한 발 더 나갈 수 있어."

아르곤이 한번 믿어 보라는 표정으로 열심히 고개를 끄덕였다.

"하지만 굳이 정정할 거라면 왜 공으로 설명한 건데?"

"예전에는 과학자들도 원자가 쪼개지지 않는 공 모양인줄 알았어. 그게 아니란 게 밝혀진 건 불과 백여 년밖에 안 돼. 게다가 원자의 구조가 밝혀진 지금도 공 모양 모형으로 원자를 표현하는 게 일반적이야. 진짜 원자의 구조는 우리가 상상하기 굉장히 어려운 모습이거든. 그걸 알게 되면 너도 차라리 공 모양으로 알게 놔두지 그랬냐고 할걸?"

"뭐라고? 실제 원자가 대체 어떤 모양이길래. 답답하니까 얼른 설명해 줘."

"그러고 싶지만……."

이온이가 창밖을 내다보았다. 시공의 균열을 지나는 것처럼 현란했던 창밖이 어느새 평범한 하늘로 바뀌어 있었다. 이온이가 팔찌를 보며 말했다.

"거의 도착한 것 같네."

아르곤이 허둥지둥 일어나 운전대로 향했다. 세륜이도 의자에서 일어나 창가로 갔다. 지상에는 생전 처음 보는 광경이 펼쳐지고 있었다. 이상한 옷을 입은 사람들과 특이한 건물이 가득한 도시의 풍경이 나타났다. 세륜이는 저도 모르게 탄성을 질렀다.

"여긴 어디야?"

"기원전 5세기 그리스! 세륜아, 얼른 자리에 앉아서 벨트 매. 착륙 준비!"

바깥을 보지 않으면 움직이는지도 알기 어려울 만큼 고요했던 버스가 굉음을 내며 흔들리기 시작했다. 세륜이는 얼른 자리에 앉아 벨트를 맸다.

몸이 덜컹덜컹 떨렸다.

　이온이가 팔찌를 한 번 두드리자, 떠다니던 원소 모형들이 팔찌 속으로 빨려 들어가기 시작했다. 118개 공이 사라질 때쯤 아르곤이 외쳤다.

　"희망 버스, 5초 후 그리스에 착륙합니다!"

데모크리토스를 만나 원자의 비밀을 듣다

　"콜록콜록."

　좁은 골목길에서 흙먼지 바람을 맞은 세륜이가 기침을 했다. 버스에서 내린 두 사람은 꼬불꼬불한 골목길을 따라 한참 걸었다.

　"우리 어디 가는 거야?"

　"내 친구 만나러."

　어느 문 앞에 다다른 이온이가 드디어 발길을 멈췄다. 이온이는 노크도 없이 문을 열었다.

　"그냥 막 들어가도 돼?"

　"괜찮아, 내가 오는 줄 알고 있으니까."

　세륜이는 조심스럽게 집 안으로 들어갔다. 2층에서 쿵쿵 발소리를 내며 누군가 내려왔다.

　"오, 왔구나. 이온! 자네도 반갑네, 아르곤."

　"오랜만이에요, 데모크리토스."

세륜이는 엉겁결에 고개를 숙이며 같이 인사했다. 데모크리토스라 불린 어른은 세륜이를 향해 "네 얘기는 많이 들었다"며 반가움을 비쳤다. 세륜 일행은 데모크리토스를 따라 2층으로 올라갔다. 데모크리토스가 이온이에게 물었다.

"나는 마침 원자에 대한 책을 쓰고 있던 참이야. 뭐 재미있고 새로운 화학계 소식 있니?"

"재미있고 새로운 화학 소식은 매일 있지만, 오늘은 그것 때문에 온 건 아니에요. 세륜에게 원자를 설명해 주셨으면 해서요."

"오오, 그건 아주 흥미로운 얘기지. 편히 앉거라, 모두."

"아뇨, 아르곤이랑 저는 연금술사들을 잠깐 만나고 올게요. 그동안 세륜이를 잘 부탁해요."

"그렇구나. 그들도 네 소식이 궁금할 게다. 다녀오렴."

이온이와 아르곤이 다시 층계를 내려갔고 세륜이는 탄소 원소와 함께 데모크리토스의 작업실에 남겨졌다. 데모크리토스가 흙으로 빚은 잔에 물을 따라 주며 말했다.

"나는 고대 원자설을 제창한 자연 철학자, 데모크리토스라고 해."

"저는 한국에서 온 미래 초등학교 5학년 강세륜이에요."

"이온이가 화학을 싫어하는 널 설득해서 여행을 시작했다지? 아주 좋은

● **연금술사** 연금사라고도 하며 고대 이집트에서 시작되어 중세 유럽에까지 전해진 원시적 화학 시술사.

선택을 한 거야. 나도 이온이를 만나고 세상을 바라보는 새로운 눈을 갖게 됐거든."

"어떤 식으로요?"

"아까 내가 '고대 원자설'을 만들었다고 했지? 나는 세상 모든 만물이 원자라고 부르는 눈에 보이지 않는 아주 작은 입자가 무수히 모인 것이라고 생각했어. 원자^{atom}라는 단어도 그리스어 'atomos', 즉 '더는 쪼갤 수 없다'는 말에서 나온 거고."

"외국어가 나와서 좀 어렵지만 아까 실험에서 본 공 말하는 거지요?"

"그래. 우리 시대 사람들은 신이나 영혼 같은 추상적인 개념이 세상을 이루는 바탕이라고 믿었어. 하지만 내 생각은 달랐단다. 나는 모든 것의 근원은 물질이라고 믿었고 그 물질의 가장 기본적인 단위가 원자라고 생각했어. 그게 정확히 어떤 모양이고, 또 서로 어떻게 작용하는지는 알지 못했지만 말이야. 이런 생각을 바탕으로 내 후대의 학자들은 흙, 물, 공기, 불 이렇게 네 가지가 만물을 이루는 4원소라고 생각하기도 했고 또 누군가는 에테르라는 물질까지 포함해 5원소를 주장하기도 했지."

"2,500년 전에 벌써 원자를 생각하셨다니 정말 대단해요!"

"고맙다. 하지만 내가 생각한 원자의 개념은 네가 온 세계의 현대적인 원자 개념과는 많이 달랐어. 몇 년 전에 이온이를 만나게 되면서 미래의 화학까지 알게 됐지. 새로 알게 된 정보를 발설하지 않는다는 조건으로 말이야."

"이온이와는 어떻게 만나신 거예요?"

"이온이가 날 먼저 찾아왔어. 화학의 역사를 공부하다가 날 만나고 싶어졌다고 하더구나. 나 역시 먼 미래의 화학은 어떻게 발전했을지 너무 궁금해서 절대 역사의 흐름에 영향을 주지 않겠다는 조건으로 이온이와 만날 때마다 후대의 화학 지식을 접하게 됐단다. 내 생각과 다른 부분이 아주 많았지만, 그저 신기하고 행복할 따름이었어. 지금은 세륜이 네가 사는 시대의 화학까지 모두 알고 있단다."

"그럼 원자의 진짜 모양도 아시나요?"

"그래. 원자는 내가 생각했던 것처럼 더는 쪼개지지 않는 마지막 단위가 아니었어. 원자는 '쿼크'라는 미소 입자로 이뤄진 '원자핵'과 그 주위를 둘러싸고 있는 '전자구름'으로 다시 쪼갤 수 있지."

"원자가 세상에서 가장 작은 물질이 아니군요."

"맞아. 하지만 그보다 놀라운 건 따로 있었단다. 네가 본 공 모양 모형은 원자핵을 가운데 놓고 그 주위를 돌고 있는 전자의 범위를 구로 표현한 형태지. 그런데 실제로 전자는 핵 주위를 돌지 않는단다. 그리고 공에 경계면이 있어 원자도 그럴 거로 생각하기 쉽지만 사실 원자에는 그런 경계가 없어. 전자구름이라고 불리는 공간은 전자가 있을 확률이 있는 공간에 불과해. 전자는 원자핵 근처에 있을 수도, 우주 반대편에 있을 수도 있단다. 그러니까 우리가 '입자'라고 생각했던 공은 사실 원자핵을 중심으로 한 빈 공간인 거지. 경계면이 없는 빈 공간."

"그게 무슨 말이죠?"

"믿기 어렵겠지만, 빽빽이 차 있는 것처럼 보이는 이 컵은 사실 거의 빈 곳에 불과하다는 뜻이란다. 인간도 마찬가지야. 우리가 이렇게 손을 잡는다고 해도 실제로 닿는 것은 없단다. 빈 곳 사이의 정전기적 반발력이 일어날 뿐이지."

"분명 닿는 느낌이 나는데 실제론 아무것도 닿지 않는다고요?"

"그래. 직관적으로 이해하기는 너무 어려운 얘기야. 나도 받아들이기 쉽지 않았단다. 우선은 그렇다는 사실 정도만 알고 있으렴. 언젠가 공부하다 보면 알게 될 때가 올 테니까."

세륜이는 이온이가 왜 진짜 원자의 모양을 알면 오히려 '공 모양이라고 알게 두지 그랬냐'고 할 거라던 말을 그제야 이해할 수 있었다. 상상으로는 도저히 원자의 모습이 그려지지 않았다. 데모크리토스는 좀 더 긴 설명을 해 준 뒤 머리를 싸맨 세륜이에게 괜찮다며 물을 권했다.

"오늘은 이거 한 가지만 알고 가면 충분하단다. 원자와 원소를 발견하고 이해하게 됨으로써 물질 문명이 대변혁을 맞이하게 됐다는 사실 말이야. 지금 네가 누리고 사는 세계는 모두 물질의 혁명으로 일궈진 거란다. 그 바탕에는 화학이 있지."

세륜이는 데모크리토스의 방을 둘러보며 자기 방과 비교해 보았다. 세륜이 방에는 있고 데모크리토스 방에는 없는 수많은 물건이 떠올랐다. 새로 생겨난 물건이 전부 원자와 원소의 발견에서 출발했다니, 놀라운 일이었다.

"잘은 모르겠지만 원자를 알게 된 게 엄청난 사건이었다는 건 알겠어요."

"하하. 바로 그렇단다."

흥미가 생긴 세륜이가 이것저것 물었고 데모크리토스는 즐거운 표정으로 열심히 답했다. 한참 즐겁게 시간을 보내는데 아래층에서 문이 열리는 소리가 들렸다. 이온이가 돌아온 모양이었다. 데모크리토스가 세륜이의 머리를 다정하게 쓰다듬으며 말했다.

"지금부터는 원자와 원소의 발견이 세계를 어떻게 바꾸었는지 확인하러 떠나게 될 거야."

화학의 위대한 발명품, 세상을 바꾸다

검은 황금, 석유가 화학 혁명을 일으키다

"데모크리토스는 어땠어?"

다시 날아오른 희망 버스에서 이온이가 물었다. 세륜이는 실험실에 눈길을 두며 답했다.

"정말 좋았어! 물질이 무엇으로 이루어져 있는지 알았기 때문에 사람의 손으로 새로운 물질도 만들 수 있는 거래. 마법 같은 얘기였어."

이온이가 싱긋 웃었다. 운전에 집중하던 아르곤도 뒤를 돌아보며 뿌듯한 표정을 지었다. 한마디 거들고 싶은 눈치였다. 그때였다.

촤아아아악!

대형 물대포를 쏜 것처럼 물줄기 소리가 나면서 버스가 심하게 흔들렸다. 빨간불이 깜빡거리고 삐익 소리가 났다. 세륜이는 의자를 꽉 잡고 창문을 봤다. 새까만 물줄기가 버스 앞 유리에 쏟아지고 있었다. 아르곤이 뒤를 돌아보느라 미처 검은 물줄기를 피하지 못한 모양이었다.

"이러다 추락하겠어!"

세륜이가 겁먹은 목소리로 외쳤다. 이온이는 꽉 움켜쥔 세륜이의 손에 자신의 손을 포개며 말했다.

"괜찮아, 원래 오려고 했던 목적지에 온 거야. 석유 샤워를 한 건 철저히 아르곤의 운전 실수 탓이지만."

아르곤이 허둥지둥 핸들을 마구 꺾으며 "아이쿠, 이거 큰일이네. 희, 희망 버스, 4초 전에 석유 시추 현장에 도착했습니다악!" 하고 안내 방송을 했다. 유리창이 온통 까매져서 주변이 전혀 보이지 않았다. 공중에서 희망 버스가 휘청거리는 동안 이온이가 벨트를 풀고 세륜이를 이끌었다.

"제대로 착륙하려면 한참 걸리겠어. 그냥 뛰어내리자, 세륜."

세륜이는 뛰어내리기엔 아직 한참 높다며 안 된다고 했지만, 이온이는 자기 손을 잡고 내리면 문제없다며, 버스 문을 열었다. 끈적하고 검은 액체가 마구 쏟아져 들어왔다. 세륜이는 눈을 질끈 감았지만, 이온이는 조금도 망설이지 않고 버스 밖으로 몸을 던졌다.

"자, 잠까안…… 으아아악!"

바닥에 닿은 세륜이는 조심스레 눈을 떴다. 온몸이 까만 액체 범벅이긴 했지만 다친 곳은 없었다. 웬 사람들이 검은 액체를 맞으며 환호하는 모습

이 보였다.

"성공이다! 찾았다!"

이온이와 세륜이는 분수처럼 솟구치는 검은 액체를 피해 조금 떨어진 곳으로 자리를 옮겼다. 기름 범벅이 된 사람들이 흰 이와 맑은 눈을 드러내고 기뻐하는 모습이 신기했다.

"뭘 찾았다는 거야? 저 검은 액체가 뭐길래 그리 신난 거지?"

이온이가 머리와 옷에 묻은 기름을 닦아내며 답했다.

"저건 석유의 전 단계인 원유야. '검은 황금'이라고도 불리는 현대 문명의 원천."

"석유? 자동차에 넣는 기름?"

"맞아. 하지만 석유의 쓰임새는 고작 그 정도가 아니야."

이온이는 어떻게 설명하면 좋을지 생각하는 듯 잠시 가만히 있다가 기름 범벅이 된 손으로 이마를 탁 때리면서 말했다.

"좋아! 재밌는 놀이를 해 보자. 교실에 있는 물건 중에 석유가 쓰이지 않은 것 찾기! 다섯 번 만에 찾아내면 네가 이기는 거야."

"내가 쉽게 이길 것 같은데?"

"하하, 단정 짓지 말고 신중하게 다섯 가지를 골라 봐. 내가 시추 현장을 구경하는 동안."

이온이가 팔찌를 두드려 자신의 몸을 빛으로 감쌌다. 곧 이온이의 모습이 검은 분수 앞에 있는 사람들과 비슷하게 변했다. 옷도 변하고 체격도 달라졌다. 이온이가 쉿 하는 동작을 취하더니 사람들 속으로 달려갔다.

모습이 변한 이온이가 현장 관리자로 보이는 사람에게 말을 걸자 그 사람이 매우 놀라며 "아니, 드레이크 씨 여긴 어쩐 일이세요?" 하고 반겼다. 이온이는 능청스레 "시추 탐사를 한다는 소식을 듣고 견학을 와 봤습니다"라고 말했다. 두 사람은 그렇게 한참 대화를 나눴다. '굴착 공사'니 '와일드 캣'이니 모르는 용어가 잔뜩 오고 가서 세륜이는 다섯 가지 물건을 떠올리며 기다렸다.

"햐! 재밌었다."

얼마 뒤 돌아온 이온이가 무슨 대화를 나눴는지 간략히 말해 주었다.

이온이가 변한 인물은 '에드윈 드레이크'라는 사람으로, 최초로 상업적인 목적으로 유전 개발에 성공한 사람이라고 했다. 에드윈 드레이크의 얼굴을 한 이온이가 들어 보지 못한 목소리로 말했다.

"석유는 아주 오래전부터 인류의 가까이에 있던 물질이었지만 긴 세월 동안 사용법을 몰라 불순물로 취급받았다오. 19세기 중반까지만 해도 전혀 환영받지 못하는 존재였지. 그런데 화학이 발전하고 정제 기술이 발달하면서 석유의 쓰임새가 엄청나다는 사실을 알게 됐소. 과거에는 연료로 주로 고래기름을 사용했는데, 알고 보니 정제된 원유는 고래기름보다 훨씬 에너지 효율이 높고 활용도가 좋았던 것이오. 곧 사람들은 석유 찾기에 열을 올리기 시작했다오. 나는 사람들이 모두 바보 취급할 때, 하루에 고작 1미터를 파는 시추기로 1년간 찾아 헤맨 끝에 유전 개발에 성공한 사람이지, 어흠. 그 뒤로 내 성공을 따라 수많은 유전 개발이 이루어졌소."

"아하하, 이온. 연극하는 것 같아. 재밌어."

이온이가 분위기 깨지 말라는 듯 자기 목소리로 잠깐 "야아!" 하고 다시 드레이크의 목소리로 돌아가서 말을 이었다.

"석유에는 엄청나게 많은 화합물이 섞여 있소. 하지만 석유가 쓰이기 시작한 초반에는 정제 기술이 부족해 난방용, 등화용으로만 주로 쓰였소. 석유를 더 세밀하게 분리하기 위해서는 화학 기술이 필요했고, 결국 화학자들은 석유에서 수많은 물질을 분리해 내는 데 성공했다오. 이 과정에서 새로운 재료가 너무나 많이 탄생한 나머지 '석유의 정제'를 '근대의 연금술'이라고 불러도 좋을 정도라오. 지금 당신이 사는 세상은 그 결과물로 만들어진 것이지!"

"드레이크 씨, 근데 아까 제 친구 이온이도 그런 말을 했지만, 저는 석유가 뭐 그리 대단한 건지 아직 잘 모르겠어요. 이온이가 설명을 잘하지 못했나 봐요."

세륜이가 일부러 이온이를 놀리려고 그렇게 말하자 드레이크 모습의 이온이가 평정심을 잃고 뺨을 움찔거렸다.

"그럴 리가. 이온이라는 친구는 참 괜찮은 친구 같던데, 어흠."

"헤헤, 그건 맞아요."

어디선가 익숙한 부워엉 소리가 나서 돌아보니 희망 버스가 착륙하고 있었다. 아르곤이 버스에서 내려 두 사람을 향해 달려왔다. 그러다 기름을 밟고 꽈당 넘어졌다.

"아이쿠!"

"저런, 얼른 기름을 씻어내야겠는걸!"

어느새 자기 모습으로 돌아온 이온이가 아르곤을 일으키러 뛰어갔다.

'세계는 석유로 장식되었다'

세 사람이 서로를 붙잡고 걷는 동안 이온이가 말을 꺼냈다.

"샤워하러 가는 동안 석유가 들어가지 않은 다섯 가지 물건을 말해 볼까?"

"좋아. 다 생각해 뒀지."

아르곤은 둘 사이에 서서 상황을 파악하려고 애썼다. 세륜이가 말했다.

"첫 번째에서 끝날 것 같은데? 체육복!"

"땡! 네 체육복은 합성 섬유로 만든 거야. 체육복뿐만 아니라 가게에서 파는 옷 대부분이 석유 원료로 만들었지. 다음!"

"뭐? 그럴 수가. 그, 그럼 페트병!"

"페트벼엉? 가소롭군! 모든 플라스틱은 석유로 만든 것입니다. 다음!"

"이 시커먼 기름에서 투명한 물건이 나온다고? 그, 그럼 볼펜! 아니아니 안경! 아니 가방!"

다급해진 세륜이가 다섯 개 규칙을 잊고 마구 물건 이름을 쏟아내기 시작했다. 이온이는 꿈쩍도 하지 않고 '땡'만 연발했다. 도저히 믿을 수 없었다. 세륜이는 다섯 개는커녕 교실에 있는 물건이라는 전제 조건도 무시하고 생각나는 온갖 물건을 말했다.

화장품, 휴대 전화, 테이프, 의약품, 텔레비전, 타이어, 접착제, 컴퓨터, 신발, 아스팔트, 카메라, 잉크, 시계, 자동차, 비료 등 별의별 것을 다 말해도 이온이는 딩동댕을 외칠 기미가 없었다.

허허벌판의 한가운데 덩그러니 놓인 작은 간이 건물이 나타나자 이온이가 "다 왔어, 이거 가지고 들어가서 씻어"라고 말하며 액체 비누를 내밀었다. 세륜이는 이거다 싶어 외쳤다.

"그래, 세제! 석유를 씻어내는 물질이라면 석유랑 완전 반대겠지. 어때?"

이온이가 하하 웃으며 마이크를 든 시늉을 하고 말했다.
"아쉽습니다, 강세륜 플레이어! 세제조차 석유를 사용한다는 사실!"
"하아, 말도 안 돼……."
세륜이가 어깨를 축 늘어뜨리며 실망한 기색을 내비치자 이온이가 어깨를 두드리며 말했다.
"사실 처음부터 네가 이기기엔 너무 불리한 게임이었어. 네가 사는 세상은 거의 석유 세상이라고 불러도 될 정도거든. '세계는 석유로 장식되었다'라는 슬로건까지 있을 정도니까."

"도대체 석유가 어떤 물질이기에 그런 거야?"

"석유는 탄소와 수소 원자들로 이루어진 여러 종류의 화합물이 무수히 뒤섞인 천연 액체야. 탄소와 수소 원자가 연결된 물질을 '탄화수소'라고 하는데, 탄화수소는 종류가 매우 많고 거의 무한대로 구성을 바꾼다는 특징이 있어. 그래서 원자 수나 위치를 조금씩만 바꿔도 수천 가지의 새로운 화학 물질을 만들 수 있지. 근대 정제법이 발명된 1920년 이후 만들어진 석유 화학 제품 이름만 나열해도 두꺼운 책을 쓸 수 있을 정도야."

세륜이는 이름만 쓴 두꺼운 책을 상상하는 것조차 힘들었다. 하도 머리를 써서 뇌에서 땀이 날 것 같았다. 이온이가 계속 말했다.

"물질의 구조를 이해하게 돼서 그것을 바꿔 원하는 물질을 만들게도 된 거야. 석유는 그 발전 과정의 최전선에 있는 원료였고. 20세기 초 독일과 러시아 화학자들은 석유가 가장 우수한 화학 원료라는 연구 결과를 발표하기도 했어."

이온이는 세륜이가 말했던 물건들을 하나하나 짚어가며 석유 화학이 얼마나 많은 분야에서 혁신을 일으켰는지 설명했다. 석유는 자동차나 비행기 같은 운송 분야에 연료로 쓰이는 것은 물론이고, 플라스틱같이 전에는 없던 새로운 재료들을 만들어냈으며, 나일론 같은 합성 섬유의 대량 생산을 가능하게 했다고 말이다. 자연에 없던 새로운 소재를 인간이 합성해 낼 수 있다는 건 정말 엄청난 변화였다고 이온이는 강조했다.

"특히 플라스틱의 발명은 놀라움 그 자체였어. 깨지지 않으면서도 가볍고, 공기나 물에 아무리 오래 노출돼도 썩지 않고, 원하는 모양을 만들기도 쉬운데 값도 싼, 그야말로 위대한 발명품으로 여겨졌지."

나일론도 마찬가지였다. 누에를 대량으로 죽여서 뽑아낸 명주실이나 양의 털을 빼앗아 얻은 양모 같은 천연 섬유는 쉽게 얻기도 힘들고 값도 비쌌다. 그런데 나일론의 발명으로 다른 동식물의 옷을 빼앗지 않고 실험실 비커 속에서 섬유를 뽑아낼 수 있게 된 것이다. 드디어 인류가 추위와 부족한 옷감에서 해방되는 순간이었다.

"석유 화학으로 만든 수많은 물질은 인류의 삶을 한층 증진시켰어. 부족한 자원 문제를 해결할 수 있었고 기능 면에서도 훨씬 뛰어난 물건을 만들 수 있게 됐지. 불과 백여 년 전만 해도 상상할 수 없는 그런 미래가 열린 거야."

"석유가 그렇게 우리 생활에 밀접하게 관련돼 있다니. 전혀 몰랐어."

이온이가 다시 한 번 비누통을 건네며 사회 보듯 말했다.

"그럼 이제 패배를 인정하시고 이 비누로 새 단장하고 나오시죠!"

세륜이는 게임에서 졌다는 아쉬움과 석유에 관한 놀라움을 동시에 느끼며 비누통을 받아들었다. 에드윈 드레이크의 말대로 정말 이 세상은 석유로 이뤄진 모양이었다. 샤워실 문으로 손을 뻗던 세륜이는 문득 이온이를 향해 돌아서며 말했다.

"그런데 천연 비누는 없어? 엄마가 공장에서 만든 바디워시나 핸드워시 쓰지 말랬어. 계면 활성제가 들어 있다고."

"계면 활성제?"

이온이가 미간을 잔뜩 찌푸리더니 가볍게 한숨을 쉬었다. 그러고는 이 비누는 공장에서 만든 것이 아니라 자기가 합성한 것이니 안심하고 씻고 나오라고 했다. 세륜이는 걱정스러운 마음이 들었지만, 이온이를 믿고 샤워실 문을 열었다.

문 안쪽은 바깥에서 본 좁은 외관과 달리 엄청나게 넓은 목욕탕이 있었다. 세륜이의 눈이 휘둥그레진 사이 주머니에서 검은 공이 쑥 튀어나와 탕으로 뛰어들었다. 세륜이도 수영장 같은 온탕에 들어가 느긋하게 쉬고 싶었지만, 기다리고 있을 아르곤과 이온이를 생각하여 서둘러 샤워를 했다.

이온이가 만든 액체 비누에서는 향긋한 라벤더 냄새가 났다. 보라색 거품을 내 기름을 씻어내니 두려운 마음이 차츰 사라지고 포근한 기분이 들었다.

살균 기술의 발전이 아이들을 구했대

아르곤과 이온이가 기름을 흠뻑 뒤집어쓰고 있다는 생각에 서둘러 씻고 나왔건만, 다시 나온 허름한 건물 앞에는 뽀송뽀송한 아르곤과 이온이가 기다리고 있었다. 건물 안에 다른 샤워실도 많아서 동시에 씻고 나왔다고 했다.

"그럼 좀 더 느긋하게 씻을걸."

세륜이의 말에 이온이는 "너 계면 활성제 얘기하는 걸 보니 느긋할 틈이 없어. 얼른 가자" 하고 버스로 이끌었다.

버스로 돌아온 이온이는 한동안 말이 없었다. 세륜이는 이온이의 표정이 조금 언짢아 보인다고 생각했다. 좌석 표시등이 꺼지자 이온이가 벨트를 풀며 아르곤에게 말했다.

"아르곤, 지금 니콜라 르블랑에게 들르는 거 가능해요?"

"경로가 너무 달라서 르블랑에게 들르면 시간을 다시 거슬러야 해. 통화하는 게 어때?"

"그거 좋은 생각이네. 연결해 줘요!"

이온이는 자리에서 몸을 일으켜 실험실로 향했다. 세륜이도 따라갔다. 아르곤이 운전석에 붙어 있는 버튼을 뚱땅뚱땅 누르니 실험실 천장에서 빛이 쏟아졌다. 세륜이는 그제야 실험실 천장이 대형 스크린이었다는 걸 깨달았다. 신호음이 몇 번 울리더니 "여보세요!" 소리와 함께 웬 사람이 튀어나왔다. '니콜라 르블랑'이 홀로그램 형태로 등장했는데, 버스 천장에 거꾸로 매달린 형상이었다.

"안녕! 이온. 무슨 일이신가?"

"안녕, 니콜라. 여긴 내 친구 세륜이야. 세륜이가 내가 만든 비누를 보고 질겁을 하기에 당신을 불렀어. 이러다가 양잿물 쓰겠다고 할 지경이야!"

"아하하, 그건 안 될 일이지. 내가 힘들게 비누를 개발했는데. 안녕! 세륜."

세륜이가 위를 올려다보며 말했다.

"아, 안녕하세요. 강세륜입니다."

"말 편하게 해. 나는 18세기 프랑스 화학자 니콜라 르블랑이야. 소금으로 비누를 대량 생산하는 방법을 발견한 사람이지. 감사 인사는 넣어 둬, 파하하."

"세륜이는 감사할 생각이 없다니까."

이온이가 그렇게 말하며 실험실 반대편으로 갔다. 세륜이는 굳은 얼굴로 지나가는 이온이를 보며 머뭇머뭇 말했다.

"니콜라 씨가 비누를 개발하기 전에는 무엇으로 씻었어요? 아니, 무엇으로 씻었어?"

"네가 사는 시대엔 비누가 너무 흔한 물건이다 보니 엄청난 발명품처럼 여겨지지 않지? 하지만 때를 쏙 빼는 기술은 엄청 어려운 거였어. 옛날 사람들은 맹물로 빨래하느라 온 힘을 다해 빨랫감을 때려야 했는데, 그런데도 기름때는 잘 빠지지도 않았지."

"텔레비전에서 그런 장면을 본 적 있어."

"빨래는 그나마 나아. 얼룩이 좀 있다고 당장 큰일 나는 건 아니니까. 하지만 옛날에 쓰던 세제인 양잿물은 독성이 너무 강해서 사람 몸을 씻기에 적합하지 않았어. 그럼 뭘로 씻었냐고? 하하. 대부분 그냥 물로 씻는 거지."

"그럼 충분히 깨끗해지지 않잖아."

"맞아. 그래서 과거엔 세균성 질병이 엄청나게 많았고, 그것 때문에 죽는 사람도 너무 많았어. 하지만 옛날에는 비누가 상류층들의 값비싼 사치품이어서 보통 사람은 쓸 수 없었지. 비누가 본격적으로 대중화된 건 내가 개발한 방법 덕분이야. 그랬더니 어떤 변화가 일어난 줄 알아?"

세륜이가 고개를 저었다.

"병원에 들끓던 피부병 환자들이 급격히 줄었고 감염병의 일종인 발진 티푸스의 발병률도 뚝 떨어졌어. 특히 면역력이 약해 세균 감염으로 죽었던 수많은 아이를 구할 수 있었어. 비누로 꼬박꼬박 씻는 생활 양식이 자리 잡자, 수천 년 동안 인류를 따라다니던 온갖 질병이 떨어져 나가기 시작했지. 그래서 비누의 대중화는 인류 수명을 20년 늘린 획기적인 발명으로 꼽혀."

르블랑의 자세가 한껏 의기양양해졌다. 거꾸로 달려 있어서 아무리 멋진 자세를 지어도 조금 웃기게 보이긴 했지만.

"하지만 비누가 그렇게 만들기 어려웠다고 하기엔 우리 엄마도 집에서 금방 만들던데?"

"아, 비누 제작 방법 자체는 아주 간단해. 중요한 건 비누의 화학적인 구조였지. 때를 제거할 수 있는 분자 구조를 이해하는 데 긴 시간이 걸렸던 거야. 자 이것 좀 봐."

르블랑은 공과 막대기를 연결해 놓은 긴 구조물을 꺼냈다. 크기와 색깔이 다른 두 종류의 공 수십 개가 모여 서로 길게 이어져 있었다. 그리고 한쪽 끝에만 빨간색 공이 두 개 붙어 있었다. 르블랑이 말했다.

"이게 비누 분자의 구조야. 큰 공은 탄소, 작은 공은 수소, 그리고 이쪽 끝의 빨간 공은 산소 모형이지. 비누가 때를 제거할 수 있는 건 이 특별한 구조 때문이야. 여기서 탄소와 수소로 된 긴 부분은 기름이랑 친한 부분이고, 산소 원자가 붙은 끝 부분은 물이랑 친한 부분이야."

"그게 뭐 어쨌는데?"

"때는 대부분 기름 성분이야. 때가 물로만 잘 벗겨지지 않는 건, 물과 기름이 서로 친하지 않기 때문이지. 그러니까 때를 벗기려면 기름과 친한 구조가 있어야 해. 하지만 기름하고만 친하면 세제가 때에 들러붙어서 '때+세제' 옷이 되고 말 거야. 그럼 세탁하는 의미가 없겠지?"

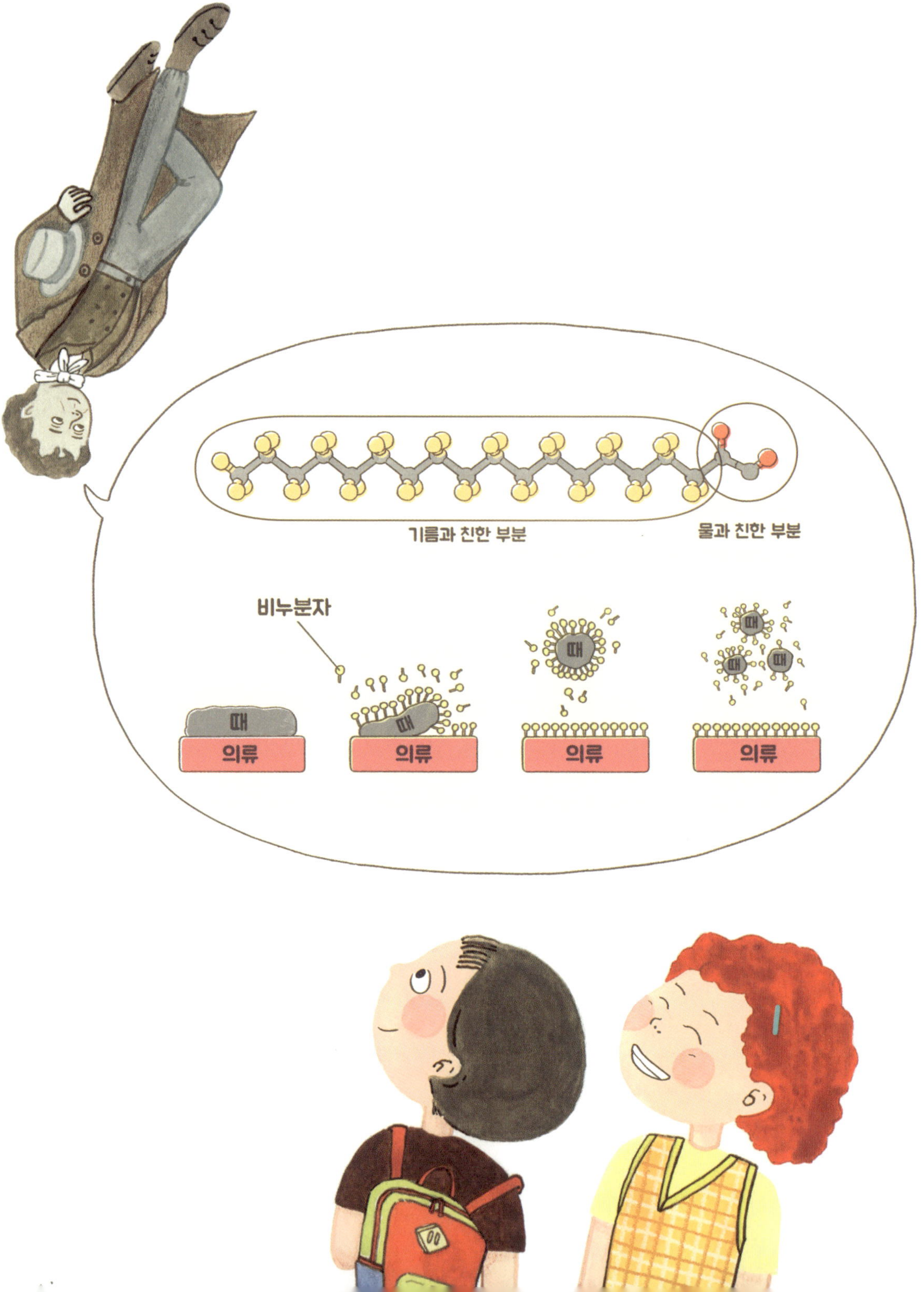

기름과 친한 부분   물과 친한 부분

비누분자

때 / 의류

"그럼 기름에 들러붙되 때가 옷에서 물로 떨어져 나오게 해야 하는 거네?"

"맞아. 기름과 친한 부분과 물과 친한 부분이 동시에 있어야 세제로 쓸 수 있어. 원자나 분자에 대한 이해가 없었던 옛날에는 이런 내용을 몰라서 비누를 합성하기 어려웠던 거야."

"그럼 계면 활성제는 뭐야?"

"이런! 그걸 빼먹을 뻔했네. 기름과 친한 부분과 물과 친한 부분이 동시에 있는 모든 물질을 '계면 활성제'라고 해. 그러니까 천연 비누든 뭐든 모든 종류의 세제는 다 계면 활성제지."

"뭐? 그러면 '계면 활성제가 들어가지 않은 비누'도 팔던데 그건 어떻게 된 거야?"

"우에에에엥?"

르블랑이 아주 놀란 표정을 짓더니 껄껄 웃었다. 그리고 이온이를 향해 "왜 날 불렀는지 알겠군, 이온. 네가 아주 싫어하는 상황이지?"라고 말했다.

"그건 잘못 만든 정보가 무분별하게 퍼졌기 때문인 것 같아. '팥 안 들어간 팥죽 팔아요' 같은 말이라고. 물론 모든 계면 활성제가 안전하다는 뜻은 아니야. 분명 문제를 일으키는 제품도 있었겠지. 아까 비누의 구조는 기름과 친한 부분과 물과 친한 부분이 동시에 있는 거라고 했지? 이 구조만 지키면 다양한 계면 활성제를 만들 수 있어. 세제 회사는 세탁력을 높이려고, 석회수에 잘 풀리게 하려고, 피부 보습을 도우려고 등등 여러 목적에 따라 비누를 개발해. 그중 어떤 것은 독성을 일으킬 수도 있어."

"그럼 계면 활성제라는 사실만으로 멀리할 수 없다면 난 뭘 보고 구분해야 해?"

르블랑이 곤란하다는 표정으로 이온이를 흘깃 쳐다봤다. 이온이는 실험실 구석에서 창밖을 보고 있었다.

"당연히 소비자는 성분표만 보고 분자 구조를 알기 힘들어. 독성이 있는 세제를 구분하기 어려운 건 세륜이 네 탓이 아니야. 제품을 개발하는 사람들이 책임감을 가져야 하는 부분이지."

"그렇구나……. 그런데 내가 화학을 하나도 몰라서 이온이가 화났나 봐. 어떡하지?"

"그게 아니야. 이온이는 정보의 불평등을 악용해 무책임한 화학 제품을 만드는 사람들을 극도로 싫어해. 생각하는 것만으로도 치를 떨지. 그런 사람들 때문에 네가 인류에 꼭 필요한 계면 활성제를 두려워하는 걸 보고 화가 난 거야."

세륜이는 고개를 끄덕이며 계면 활성제에 대해 알려 줘서, 또 비누를 개발해 줘서 고맙다고 말했다. 그러자 르블랑이 씁쓸한 표정으로 말했다.

"부끄럽지만 내가 처음 만든 비누도 심각한 환경 오염을 유발했어. 이 문제를 차츰 개선하면서 제대로 된 비누를 발명할 수 있었던 거야. 세륜, 나도 내 시대에서 더 열심히 화학을 연구해서 네가 있는 미래까지 안전한 기술을 전할 수 있도록 노력할게."

르블랑 홀로그램이 지직거리기 시작했다. 세륜이가 "고마워, 만나서 정말 반가웠어!"라고 말하자 거꾸리 르블랑이 환하게 웃었다. 곧 통신이 완전히 끊어졌다.

수천만 명의 목숨을 구한 DDT

"꼼짝 마! 손 들어!"

등 뒤에서 날카로운 외침이 들렸다. 세륜이는 뒤통수에 닿은 딱딱한 느낌에 살짝 뒤를 돌아보았다. 군복을 입은 사람이 총구를 들이대고 있었다. 너무 놀라 눈이 휘둥그레진 찰나, 이온이가 태연하게 한 손으로 총구를 밀며 군인에게 말했다.

"그만. 우리는 파울 밀러 씨의 조수들이오."

이온이의 목소리가 또 변했다. 군인이 밀러라는 이름에 금세 긴장을 풀었다.

"이거 실례했습니다. 마침 약이 부족하던 참입니다. 가져오셨나요?"

"그럼. 지금 이 가방에 물건이 잔뜩 있소."

이온이는 등 뒤에 짊어진 가방을 슬쩍 내보였다. 군인은 막사 같은 곳으로 이온이와 세륜이를 안내했다. 희망 버스에서 내리기 전 이온이는 세륜이에게 반짝이는 막을 씌우며 말했다.

"이제 너는 강세륜으로 보이지 않을 거야."

"그럼 어떤 모습으로 보여?"

"저들이 보고 싶은 대로 보이지."

세륜이의 물음에 이온이가 답했다. 세륜이는 어떻게 보일지 짐작하기 어려웠지만, 군인들이 의심 없이 들여보내는 걸로 보아 이온이의 능력이 제대로 발휘된 모양이었다.

막사 안에는 다친 사람이 많았다. 붕대를 감고 있거나 특별히 상처가 없는데도 땀을 뻘뻘 흘리며 누워 있는 사람도 있었다. 세륜이는 처음 보는 풍경에 압도당했지만, 이온이는 능숙하게 그 속으로 들어갔다. 탁자에 가방을 올린 이온이는 커다란 주사기처럼 생긴 원통형 물건을 여러 개 꺼냈다. 그리고 간호사와 의사에게 말했다.

"우리는 바깥에서 방역할 테니 이 DDT를 환자들에게 우선 살포하십시오."

의사와 간호사가 고개를 끄덕이고 주사기 모양 통을 차례로 들었다. 환

자들에게 하나하나 주사기 안의 내용물을 뿌렸다. 하얀 가루 같은 것이 주사기 끝에서 나왔다. 이온이는 그 모습을 잠시 지켜본 뒤 막사에서 빠져나갔다. 세륜이도 따라갔다.

이온이는 주사기 끝부분을 눌러 막사 주변에 하얀 가루들을 흩뿌렸다. 군인 몇몇이 다가와 자기 몸에도 가루를 뿌려 달라고 했다. 세륜이가 괜찮냐는 표정으로 이온이를 쳐다보자 이온이가 고개를 끄덕였다. 군인이 돌아간 뒤 세륜이가 물었다.

"지금 뿌리는 건 뭐야?"

"저 사람들은 DDT라는 살충제라고 생각하겠지만, 실제로는 내가 만든 방충제."

"엑? 속인 거야?"

"걱정하지 마. 내 것이 훨씬 좋으니까. 이 물질이 알려지면 노벨상은 뮐러 대신 내가 받을걸."

"노벨상? 그거 엄청 대단한 상이잖아."

"응. DDT의 살충 능력을 처음 발견하고 대량 생산에 성공한 스위스 화학자 파울 뮐러가 1948년 노벨 생리학·노벨 의학상을 받았거든."

세륜이는 여름철 할머니 집에서 종종 봤던 살충제를 떠올렸다. 모기를 쫓으려고 가볍게 뿌리던 그 살충제가 그렇게 대단한 발명품이었다는 게 믿기지 않았다.

"벌레를 쫓는 게 노벨상씩이나 받을 일이야?"

"그래. 무려 '신이 내린 물질'이라고 불릴 정도였으니까."

이온이가 가루 뿌리기를 마치고 빈 주사기를 어깨에 걸친 채 말했다. 세륜이는 '옛날 사람들은 벌레가 그렇게까지 싫었나?'라고 생각하며 남은 가루를 마저 뿌렸다. 세륜이의 주사기도 비자 이온이가 몸을 틀어 걷기 시작했다. 여기저기 앉아 쉬는 군인들 사이를 지나며 이온이가 말했다.

"이들은 제2차 세계 대전에 참전한 군인이야. DDT 덕분에 수많은 군인을 살릴 수 있었지."

"DDT는 살충제라며, 그럼 그전에는 벌레 때문에 사람이 죽었단 말이야?"

● **DDT(Dichloro-Diphenyl-Trichloroethane)** 디클로로-디페닐-트리클로로에탄은 농업 분야 살충제 중 하나.

"맞아. 고작 몇십 년 전까지만 해도 전 세계 수천만 명의 사람이 곤충이 옮긴 병으로 죽었어. 대표적인 질병이 말라리아야. 인류 역사상 가장 많은 사람의 목숨을 앗아간 병이야. 세륜이 네가 사는 시대에도 여전히 매년 200~300만 명이 말라리아로 사망해."

세륜이는 300만 같은 수를 상상할 수도 없었다. 작은 곤충이 옮긴 병이 그토록 많은 사람의 목숨을 앗아간다니 놀랍고 두려웠다. 이온이가 말했다.

"2020년대엔 대부분의 선진국에서 말라리아가 사라졌지만, 지금 우리가 온 20세기 중반은 유럽, 북아메리카, 아시아 따질 것 없이 모두 말라리아 위험 지역이었어. DDT를 살포하기 전에는 인류 약 18억 명이 말라리아 유행 지역에 살고 있었지."

"고작 50년 정도 기간에 말라리아가 그렇게 많이 줄어든 거야?"

"50년? 가당치도 않아. 1942년 첫선을 보인 뒤 1955년 세계 보건 기구 WHO가 본격적으로 말라리아를 제거하려고 DDT를 살포했고 1969년 말라리아 유행 지역의 40퍼센트에서 말라리아가 박멸됐어. 1947년 말라리아 감염 인구가 약 200만 명이던 그리스는 DDT를 사용한 뒤, 1972년에는 감염자가 고작 7명이 됐을 정도로 효과는 컸지."

"세상에, 200만 명에서 7명?"

● 세계 보건 기구(WHO : World Health Organization) 보건 상태 향상을 위해 국제적 협력을 하고자 설립된 국제 연합 기구.

"엄청나지? WHO는 1975년 유럽을 말라리아가 없는 지역으로 선포했어. 본격적인 DDT 캠페인을 벌인 지 고작 20년 만이었지."

세륜이가 입을 채 다물기도 전에 이온이가 말을 계속 이어갔다. DDT는 한 번 뿌리면 6개월이나 효과가 지속됐고 생산 원가도 저렴해 가난한 나라에서도 쉽게 사용했다는 내용이었다.

"난 모기가 있어도 간지러움 정도만 걱정하는데. 옛날에는 목숨이 걸린 문제였구나."

"노벨상을 받을 만하지?"

세륜이가 힘껏 고개를 끄덕였다. 이온이는 DDT가 말라리아를 퇴치한 것뿐만 아니라 농약 개발의 도화선이 되었다고 말했다. 농작물에 피해를 주는 곤충들을 막는 농약들이 생겨나면서 식량 생산량도 크게 증가했다고 말이다.

"화학 비료와 농약의 개발이 없었다면 80억 명에 가까운 인류의 식량 문제를 해결할 수 없었을 거야. 그러니까 곤충을 막는 화학 발명품은 수천만 명의 목숨을 구한 셈이지."

세륜이는 진심으로 DDT가 굉장하게 여겨졌다. 세륜이네 집에서는 살충제 대신 방충망을 쓴다. 그런데 이렇게 도움이 되는 화학 물질이라면 집에서 써도 좋겠다는 마음이 들었다. 그동안 오해했던 다른 화학 물질이 또 뭐가 있을까 생각하느라 정신이 팔린 세륜이는 살충제를 맞으려고 기다리던 사람과 부딪혔다. DDT를 뿌리던 군인이 "다음!"이라고 외치자 세륜이는 엉겁결에 앞으로 걸어나갔다. 군인이 주사기를 누르려는 찰나 이온이가 세륜이의 팔을 휙 당기며 말했다.

"저희는 아까 뿌렸습니다."

이온이가 낮은 목소리로 세륜에게 속삭였다.

"저건 내가 만든 약이 아니야. 진짜 DDT라고."

세륜이는 진짜 DDT인 게 뭐가 문제인지 알 수 없었지만, 이온이의 다급한 걸음에 보폭을 맞추느라 질문할 타이밍을 놓쳤다.

마음껏 쪼개고 마음껏 결합해! 화학은 신의 도구?

군부대에서 완전히 멀어지자 이온이가 세륜이의 팔을 놓았다. 두 사람이 다다른 곳은 폭격을 맞은 건지 폐허가 된 공터였다. 부서진 건물만 보이고 사람은 하나도 없었다. 이온이가 깨진 벽돌을 손으로 대충 털고 엉덩이를 대고 앉았다. 세륜이도 주위를 둘러보고 적당한 곳에 앉았다.

"빨리 도망치느라 이제 말하는 거지만, 아까 병실에 있던 약품도 다 화학으로 합성한 거야."

"그중에 내가 알만한 것도 있어?"

"물론이지. 지금도 널리 쓰이는 해열, 진통제인 아스피린은 합성 의약품의 시대를 연 대표적인 발명품이고, 20세기 가장 중요한 사건 중 하나로 꼽히는 푸른 곰팡이를 배양해서 만든 항생 물질인 '페니실린'이나 상처를 치료하는 연고도 있지. 그냥 질병을 치료하는 대부분의 의약품이 화학 발명품이라고 할 수 있어."

세륜이는 머리가 따끈따끈해졌다. 도대체 화학의 힘이 미치지 않은 곳은 어디일까?

"내 동생이 먹는 약도 다 화학으로 만든 거야?"

"한 알도 빠짐없이."

"후, 아!"

세륜이가 크게 숨을 뱉으며 자리에서 일어났다. 지금까지 봐 온 대로라면 세륜이의 가족은 결코 완전한 노케미족이 될 수 없었던 셈이다. 엄마와 동생에겐 약이 꼭 필요하니까. 게다가 노케미족으로 사는 건 불가능한 일처럼 보였다. 인류의 목숨을 구한 발명엔 언제나 화학이 있지 않았던가. 세륜이는 깨진 벽돌을 차면서 혼자 생각을 정리하다가 이온이에게 물었다.

"그런데 어떻게 이 모든 일이 가능한 거야? 어떻게 화학은 세상에 없던 물건도 만들고 세균도 막고 곤충도 막고 식량도 늘리고 약도 만들고 그렇게 다 할 수 있는 거냐고."

"화학은 물질을 연구하는 학문이기 때문이야. 처음 출발할 때 원자와 원소에 대해 말했지? 세상을 이루는 물질의 성질을 이해하고, 원하는 형태로 조립할 수 있기에 마법 같은 힘을 가지는 거지. 뭐, 너희 세계에서는 미래에서 자유자재로 결합하는 물질을 이해하려면 한참 멀었지만."

세륜이는 이온이의 막간 자랑은 듣지도 못한 채 눈을 반짝였다. 화학은 정말 위대하다는 생각이 머릿속에 가득 찼다.

'진작 화학을 공부했으면 동생에게 도움이 되었을지 몰라.'

세륜이는 돌멩이를 뻥 차며 큰 소리로 말했다.

"결심했어, 이온! 나 화학자가 될 거야! 마음대로 쪼개고 마음대로 결합해서 내가 원하는 걸 모두 만들 수 있다니! 그 정도면 정말 신이나 다름없는 거 아니야? 화학은 최고야!"

세륜이의 목소리는 희망으로 가득했지만, 이온이의 얼굴은 당혹스러움으로 물들었다. 세륜이는 그런 이온이의 표정도 발견하지 못한 채 들뜬 마음으로 계속 외쳤다.

"화학이 이렇게 대단하고 멋진줄 알았다면 그동안 화학을 싫어하지 않았을 텐데. 얼른 도서관 가서 화학책 빌릴래. 그리고 많이 공부해서 세계 최고의 화학자가 될 거야."

이온이는 아무 대답도 하지 않고 걱정스러운 눈빛으로 세륜이를 바라봤다. 그때 부워어어어엉 소리를 내며 희망 버스가 다가왔다. 거센 모래바람이 일어 세륜이가 기침을 했다. 아르곤이 창문을 열고 반갑게 인사했다. 세륜이는 버스에 타며 신나게 말했다.

"아르곤! 나 화학자가 될 거예요!"

아르곤은 영문을 몰랐지만 웃는 얼굴로 박수를 쳐 주었다. 버스가 날아가는 동안 세륜이는 화학에 대해 더 알려 달라며 쉴 새 없이 질문을 쏟아 부었다. 이온이는 차분하게 대답해 주었다. 하지만 다음은 어디로 갈 거냐는 세륜이의 질문에는 곤란한 표정으로 "글쎄"라고 답했다.

새로운 질문을 꺼내려고 고민하는 찰나, 버스가 굉음을 내기 시작했다. 아르곤이 말했다.

"희망 버스, 5초 뒤 2022년 한국에 도착합니다."

세륜이는 깜짝 놀라 이온이의 팔을 잡았다.

"싫어, 난 가고 싶지 않아. 아직 배우고 싶은 게 너무 많단 말이야!"

이온이는 한쪽에 놓아두었던 세륜이의 책가방을 건네주며 말했다.

"괜찮아. 우린 또 만날 거야. 우선은 '1분 1초도 놓칠 수 없는 수업'을 들으러 가야지!"

세륜이가 수업은 괜찮으니 새로운 곳에 가자고 말했지만, 이온이는 버스 문을 가리킬 뿐이었다. 어느새 버스가 땅에 닿았다. 아르곤이 열림 버튼을 누른 채 뒤를 돌아봤다. 세륜이는 어쩔 수 없이 의자에서 일어났다.

세륜이가 느릿느릿 버스에서 내리자 이온이가 등 뒤에서 "힘내. 곧 보자"라고 말했다. 그 순간 버스가 순식간에 떠올랐다. 세륜이는 뭘 힘내라는 건지 물어보려고 돌아봤지만, 버스는 이미 보이지 않았다. 차 유리에 비추어 잇몸을 확인한 지 고작 2분이 지난 시간이었다.

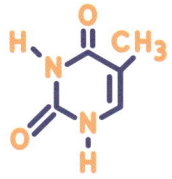

연금술에서 주기율표에 이르기까지

여러분, '연금술'에 대해 들어본 적이 있나요? 연금술은 기원전 4천 년 무렵부터 시작된 사상을 바탕으로, 철이나 납 같은 흔하고 싼 금속을 금과 같은 귀금속으로 바꾸려고 했던 학문이었어요. 연금술을 연구했던 중세 시대 연금술사들은 이 세상의 모든 물질은 물, 불, 공기, 흙의 4원소로 이루어져 있고, 이 4원소의 비율에 따라 물질의 형태와 성질이 달라진다는 아리스토텔레스의 '4원소설'을 믿었어요. 그래서 금을 만드는 4원소의 비율만 알면 금이 아닌 금속도 금으로 바꿀 수 있다고 생각했지요. 또 이러한 변화를 일으키는 매개체가 '현자의 돌'이라고 믿고 그 물질을 찾는데 천 년이라는 시간을 쏟았답니다.

하지만 현대의 기준에서 보자면 연금술은 오류의 학문이에요. 왜냐하면 금은 절대 쪼개지지 않는 물질의 마지막 단위인 '원소'이고 원소는 서로 바뀔 수 없고 근원적인 특성이 변하지도 않거든요.(현대과학이 더 발달하면서 몇몇 방사성 원소는 스스로 다른 원소로 변화하기도 하고 세상에 없던 원소를 인공적으로 만들 수도 있다는 사실이 밝혀지기도 했지만 매우 불안정해서 금방 붕괴되고 만답니다.) 그러니까 납이나 구리는 아무리 노력해도 결코 금이 될 수 없었던 셈이에요. 하지만 그 사실을 깨닫는 건 무척 어려운 일이었어요. 원소는 눈에 보이지 않을 만큼 작기 때문에 겉으로 보아서는 물질의 근원이 무엇으로 이루어져 있는지 알 수 없었거든요.

　원소의 개념이 본격적으로 수립되고 물질의 특성을 이해하기 시작한 것은 라부아지에의 '화학 혁명'에서부터였습니다. '화학 혁명'은 라부아지에가 원소로서의 산소를 최초로 발견하고 이 실험 과정에서 '질량 보존의 법칙'을 발견한 사건을 가리켜요. 프랑스 과학자 앙투안 라부아지에는 직접 제작한 실험 장비를 이용해 화학 반응 전후의 반응물과 생성물의 무게를 정교하게 측정했어요. 실험 내용은 다음과 같았지요.

　먼저 산소와 수은이 결합한 '산화 수은'이라는 물질이 있어요. 라부아지에는 이 산화 수은을 가열해서 수은만 남도록 했어요. 그리고 전후의 무게를 쟀지요. 그랬더니 수은의 질량은 산화 수은이었을 때보다 낮아지고, 줄어든 질량만큼 기체가 생성됐다는 사실을 확인했어요. 라부아지에는 이 기체에 '산을 생성시키는 것'이라는 뜻의 '산소

(Oxygen)'라는 이름을 붙였어요. 이 실험을 바탕으로 라부아지에는 그동안 화학계를 지배해 왔던 플로지스톤설•'의 막을 내리고 합리적인 화학 발전의 토대를 마련했답니다. 또 라부아지에는 원소의 개념을 명확히 세우고, 자신이 발견한 많은 원소를 정리한 원소표를 작성해 '원소란 어떤 수단으로도 더 이상 분해될 수 없는 물질'이라고 정의했어요. 고대부터 이어지던 4원소설에 종지부를 찍고 미신에 가까웠던 연금술 대신 진짜 화학이라는 학문을 과학의 한 분야로 이끌어냈죠.

  이후 화학은 놀랍도록 빠른 발전을 이루기 시작했습니다. 달톤의 '원자론', 아보가드로의 '분자설'이 수립되면서 화학 변화의 근본적인 설명이 가능하게 되었고 합성 화학의 성공과 촉매의 발견으로 화학 공업의 기초가 다져졌어요. 또 스웨덴 화학자 베르첼리우스는 원자량을 측정해 원자량표를 만들었고 이를 바탕으로 마침내 1869년, 현대에 익숙한 멘델레예프의 '주기율표'가 탄생했습니다. 멘델레예프의 주기율표는 점점 발전하고 수정되면서 2022년을 기준으로 118개 원소가 그 특징에 따라 정리된 현대의 주기율표로 완성되었어요. 주기율표를 보면 원소가 어떤 행의 어떤 열에 있는지만으로도 그 원소의 특징을 대략적으로 알 수 있어요. 현대 화학자들은 이 주기율표를 지도삼아 오늘도 끊임없이 화학 연구를 이어가고 있답니다.

• 모든 가연성 물질에는 플로지스톤이라는 입자가 있어 연소 과정에서 플로지스톤이 소모되고, 플로지스톤이 모두 소모되면 연소 과정이 끝난다는 옛 학설.

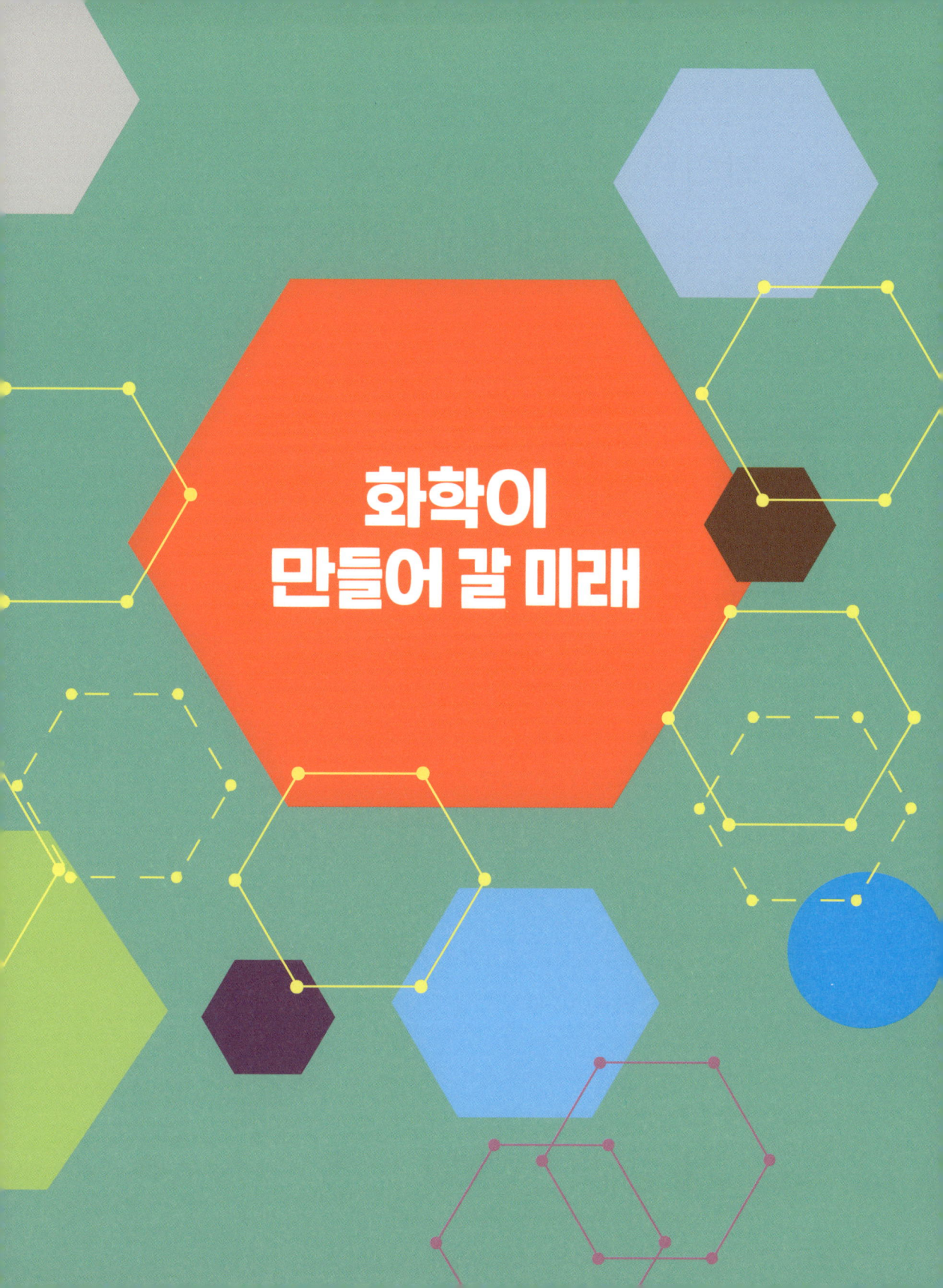
화학이 만들어 갈 미래

화학이 우리에게 준 것, 화학이 우리에게서 앗아간 것

DDT의 배신, 침묵의 봄

"여러분 모두 집중! 곧 영상 시작합니다. 연서가 불 좀 꺼 줄래요?"

선생님이 말하자 맨 뒷자리에 앉은 연서가 일어나 전등을 껐다. 3교시는 세륜이가 좋아하는 과학 시간이었다. 오늘은 그중에서도 일주일에 한 번 있는 '시청각 과학' 수업의 날이었다.

선생님은 미국의 해양 생물학자였던 레이첼 카슨의 생일을 기념해 준비한 영상이라고 설명했다. 하지만 아직 여행의 여운이 채 가시지 않은 세륜이는 선생님의 말이 잘 들리지 않았다. 얼른 희망 버스를 타고 싶은 마음뿐이었다. 그런데 어두웠던 화면이 조금씩 밝아지자 세륜이는 자기도 모르게 자리에서 벌떡 일어날 수밖에 없었다.

"아니, 저곳은?"

화면 속에는 몇 시간 전에 세륜이가 갔던 군부대와 똑같아 보이는 사진들이 지나가고 있었다.

"세륜이, 무슨 일이죠?"

선생님이 물었다. 하지만 세륜이는 '가본 곳'이라고 말할 수 없어 고개를 저으며 자리에 앉았다. 대신 들뜬 마음으로 화면에 집중했다. 주사기를 든 사람과 하얀 가루를 맞고 있는 군인들의 흑백 모습이 등장했다. 역시 이온이와 여행하며 가본 곳이 틀림없었다. 사진과 함께 해설이 흘러나왔다.

> "살충제의 원조격인 DDT는 제2차 세계 대전에서 널리 활용되었고, 이후 전 세계로 퍼져 나가 곤충 때문에 생기는 질병을 예방하는 데 쓰였어요."

세륜이는 뿌듯한 표정으로 '맞아맞아'라고 생각했다. 손을 들고 DDT에 대해 발표라도 하고 싶은 마음이었다. 누구보다 생생하게 설명할 수 있을 것 같았다. 그때였다.

> "구원의 물질처럼 보이던 DDT의 파괴적인 문제점이 드러난 것은 1962년 레이첼 카슨의 《침묵의 봄》이 발표되면서부터였어요."

DDT 사진에 해골 마크가 붙었다. 세륜이는 잘못 들었나 생각하며 눈을 비볐다. '파괴적인 문제점'이라는 말을 도통 이해할 수 없었다. DDT는 분명 안전하고 유용한 살충제일 터였다. 쿵쾅거리는 심장을 부여잡고 화면에 집중했다. 영상이 이어졌다.

《침묵의 봄》은 DDT를 비롯한 살충제의 위험성을 고발한 책이에요. 카슨은 DDT가 심각한 생태계 교란과 환경 오염을 일으킨다고 주장했어요.

DDT는 가루 형태라 사람 피부에 직접 스며들지 않아요. 그래서 뿌린 직후에 별다른 문제가 없어 보였죠. 하지만 그것은 크나큰 착각이었어요. DDT는 기름과 친한 특징이 있어 지방 성분에 녹으면 독성을 발휘해요. 소화기관이나 폐를 통해 몸속으로 들어간 DDT는 부신, 고환, 갑상선 등 지방이 많은 장기에 축적됐어요. 아주 적은 양으로도 심장 근육에 필요한 효소를 억제하고 간세포의 조직 분해를 일으켰죠. 농부의 몸에서는 보통 사람의 약 3배, 살충제 공장 노동자에게서는 보통 사람의 약 130배가량의 DDT가 검출됐어요.

더 큰 문제는 DDT는 오래 두어도 잘 분해가 되지 않는 특징 때문에 먹이 사슬을 통해 계속 상위 포식자에게 축적됐다는 거예요. DDT에 직접 노출되지 않은 사람도 식사를 한 것만으로 몸속에 DDT가 쌓이는 거죠.

DDT가 대량 살포된 삼림에서는 조사한 모든 물고기의 조직에서 DDT가 발견됐고 DDT 살포 지역에서 약 48킬로미터 떨어진 강에 사는 물고기에도 DDT가 발견됐어요. DDT가 가득한 땅에 사는 지렁이는 살아 있는 독극물이 됐어요. DDT를 흡수한 지렁이를 먹은 뱀, 가재는 즉사했고 울새는 불임이 됐어요. 위스콘신 대학의 조지프 히키 교수가 농약 살포 지역과 비살포 지역을 비교한 결과, 울새의 치사율은 무려 86~88퍼센트에 달했어요.

이후 DDT의 영향을 본격적으로 조사했고, 결국 미국은 1972년 DDT 사용을 전면 중단했어요. 한국도 1979년 DDT 판매를 금지했죠. 지금은 유해 화학 물질에 대한 경각심이 높아졌지만, 당시는 과학의 힘이 절대적이고 화학에 대한 기대가 맹목적이던 시대였어요. 그렇기에 레이첼 카슨의 고발은 사회에 커다란 파문을 일으켰답니다.

● **치사율** 그 병으로 죽은 비율.

세륜이는 크나큰 충격에 빠졌다. 믿을 수 없었다. DDT가 그렇게 위험하다면 왜 세계적으로 판매할 수 있었던 것이고, 뮐러는 왜 노벨상을 받았을까. 뭔가 오해가 있었던 것은 아닐까? 세륜이의 눈동자가 세차게 흔들리는 동안 교실에서 "저런 끔찍한 물질을 사용하다니. 무슨 생각이었던 거지?"라는 야유가 터져 나왔다. 세륜이는 그 야유가 마치 자신을 향한 것 같아 점점 움츠러들었다. 영상 속 카슨 캐릭터가 말했다.

> "50만 종의 곤충 중 인간과 갈등을 빚는 것은 극소수의 곤충입니다. 그런데 단지 몇 종류의 곤충과 잡초를 제거하려고 뿌린 화학 물질이 동식물과 토양, 하천, 대기 등 모든 생물과 무생물을 죽음으로 몰아가고 있어요. 무분별하게 살충제를 대량 살포한다면 오히려 화학 물질 때문에 새로운 질병을 일으킬 수도 있어요. 무엇 때문에 이러한 모험을 해야 한단 말입니까?"

카슨의 날카로운 질문을 끝으로 영상이 끝났다. 화면이 꺼지자 교실이 어두컴컴해졌다.

"모두 잘 봤나요?"

교실 뒤편에 서 있던 선생님이 전등을 켜면서 말했다. 친구들이 한두 마디씩 소감을 꺼내는 동안 선생님은 교실 앞으로 걸어갔다. 그리고 칠판에 '안전한 화학 발명품'이라고 적었다. 세륜이는 여전히 DDT의 충격에 빠져 있었다. 선생님이 말했다.

"레이첼 카슨은 획기적인 발명품이었던 살충제 DDT의 위험성을 고발한 과학자예요. 여러분은 영상을 보면서 어떤 생각이 들었나요?"

영준이가 손을 들고 말했다.

"이제 DDT 안 판다니까 다행이에요. 저 어제도 살충제 뿌렸거든요."

"DDT를 팔지 않는다고 끝은 아니에요. DDT 이후로도 수없이 많은 농약이 개발됐고 지금도 수없이 쓰이고 있으니까요. 현재 국내에 등록된 농약만 해도 1,200종이나 돼요."

"하지만 그것들은 안전하니까 쓰는 거 아닌가요?"

"물론 DDT보다는 나을지도 모르죠. 하지만 살충제라는 것은 결국 어떤 생명체를 죽이는 목적의 물질이기 때문에 당연히 독성이 있을 수밖에 없

어요. 실제로 레이첼 카슨은 '살충제라고 불러서는 안 된다, 살생제라고 부르는 것이 적당하다'고 말하기도 했어요."

영준이가 손을 내리며 당황스러운 표정을 지었다. 교실에서 살충제를 써 보지 않은 사람은 세륜이를 빼고 아무도 없을 터였다. 선생님이 말했다.

"인류 최악의 화학 사고로 꼽히는 '보팔 참사'도 농약 때문에 일어난 사건이었어요. 농약 원료가 고작 2시간 누출됐는데, 인도 보팔시 주민 1만 6천여 명이 죽고 60만 명이 다쳤어요. 그러니까 단순히 DDT를 멈춘 것만으로는 충분하지 않아요. 매년 수백 종의 화학 물질이 새로 생기고, 유독 물질로 사망한 사람이 연간 600백만 명이나 되거든요."

보팔 참사

　　보팔 참사는 1984년 12월 2일~3일 사이 인도 보팔 지역에서 일어난 역대 가장 끔찍한 화학 사고 중 하나입니다. 2일에서 3일로 넘어가는 밤, 화학 약품 제조회사인 유니언 카바이드 농약 공장에서 안전 관리의 미비로 유독 가스가 누출되는 사건이 일어납니다. 저장 탱크의 밸브가 파열되어 가스가 새어 나간 거지요. 이 가스는 농약을 만드는 원료인 아이소사이안화 메틸(Methyl isocyanate, MIC)이라는 물질이었습니다. 조치가 이루어지지 않은 2시간 동안 약 36톤의 유독 가스가 보팔 시내로 퍼져 나갔습니다. 밤이라 잠을 자고 있던 사람이 많았기에 피해는 더 컸습니다. 보팔 시 주민 약 50만 명 중 20만 명이 유독 가스를 들이마신 것으로 추정되며, 인도 정부의 공식 발표에 따르면 사고 당시 사망자는 3천5백 명에 달했습니다. 사건이 일어난 지 10년 뒤인 1994년 인도 의료 연구협회가 집계한 사망자 수는 2만 5천 명으로 늘어났습니다. 그밖에도 57만 명에 이르는 피해자들이 여전히 고통을 호소하고 있으나 피해 보상은 거의 이루어지지 않았습니다. 보팔 참사가 일어난 지 2022년 기준 38년째인 현재도 피해자들은 심각한 후유 장애를 앓고 있으며, 피해자들의 2세들도 유독 가스의 영향을 받은 유전적 질환으로 고통 받고 있습니다.

안전한 화학은 가능할까?

교실 분위기가 무거워졌다. 세륜이는 마음을 진정시키며 생각했다.

'하지만 보팔 참사는 사고잖아. 화학은 신의 선물인걸. 사고가 일어나지 않았다면 보팔의 농약도 인류에 도움이 됐을 거야. 그러니까……'

세륜이의 마음을 대변하듯 연서가 질문했다.

"선생님, 미리 잘 연구해서 안전한 농약을 만들면 되는 게 아닌가요?"

"그건 한층 더 어려운 문제예요. 아까 우리나라에 1,200여 가지 농약이 있다고 했죠? 그중 어떤 것은 DDT보다 훨씬 끔찍한 변화를 일으킬 수도 있어요."

"네? 그렇다면 만들 때 미리 알아채야 하잖아요."

"꼭 그렇지는 않아요. 화학 물질의 영향은 눈으로 보기 힘든 아주 작은 단위로 일어나서 만든 사람도 완벽하게 파악하기 어렵거든요. 어떤 변화는 수십 년에 걸쳐 드러나기도 하고요."

"선생님! 무슨 말인지 하나도 모르겠어요."

"저런, 미안해요. 이렇게 생각해 볼게요. 만약 어떤 화학자가 '1'이라는 세균을 죽이는 약품을 개발하고 싶었다고 해 봐요. 그러면 화학자는 1의 세포 구조를 파악해서 1을 파괴하는 화학 물질을 찾으려고 할 거예요. 여기까지 이해되나요?"

학생들이 모두 "네!"라고 외쳤다. 선생님이 웃으며 계속 말했다.

"좋아요. 이 화학자는 1을 연구한 끝에 '2'라는 화학 물질에 닿으면 1의

세포막이 깨져 파괴된다는 사실을 알아냈어요. 화학자는 기쁨의 춤을 추며 2를 잔뜩 만들어서 1때문에 고통받는 사람들에게 나눠줬어요. 2는 세계 곳곳으로 널리 퍼져나갔죠."

"해피엔딩이네요!"

긍정적인 성격이 자랑인 유찬이가 밝은 목소리로 말했다. 선생님이 고개를 가로저으며 말했다.

"안타깝지만, 아직 아니에요. 알고 보니까 화학 물질 2는 바다에 사는 전혀 다른 생물 '3'을 무럭무럭 자라게 하는 슈퍼 영양제 기능이 있었어요."

"그럼 일거양득 아닌가요?"

"과연 그럴까요? 3은 바다 위에 떠다니는 작은 생물이었어요. 3은 슈퍼 영양제 2 때문에 늘어나고 늘어나고 늘어나서 빈 곳 없이 수면을 가득 채웠어요. 그런데도 멈추지 않았죠."

학생들은 아직 뭐가 문제인지 모르겠다는 표정으로 선생님 말에 집중했다.

"3이 수면을 완전히 가로막자 바닷속으로 산소와 햇빛이 들어가기 어려워졌어요. 바다 생물은 물에 녹은 산소로 숨을 쉬고 해초는 빛을 받아 광합성 하는데, 3이 다 가로막는 바람에 숨도 제대로 쉴 수 없고 영양소도 만들 수 없게 된 거예요. 바다 전체가 위기에 처한 거죠."

"맙소사! 3 하나가 늘어났을 뿐인데 정말 그런 일이 일어날 수 있나요?"

"물론이에요. 실제로 이와 비슷한 일이 자연에서 계속 일어나고 있어요.

지구는 수억 년 동안 균형을 이루고 있어서 어느 한쪽이 급격히 줄거나 늘면 반드시 문제가 생기거든요."

연서가 겁먹은 목소리로 말했다.

"그러면 세균 1을 파괴하면서 바다 생물 3에게 영향을 안 주는 물질을 찾으면요?"

"세상이 1과 3으로만 이뤄져 있다면 얼마든지 가능해요. 하지만 이 세상에는 수없이 많은 물질이 있고, 그 모든 것에 미치는 영향을 미리 완벽하게 파악하는 일은 무척 어려워요."

"그래도 시간을 들여서 해 보면 안 되나요?"

"물론 화학자들은 예상되는 피해를 가늠하려고 노력하죠. 하지만 어느 정도 한계가 있어요. 만약 상처를 치료하는 연고를 개발했는데, 모든 가능성을 확인하려고 사람, 은행나무 껍질, 잔디 뿌리, 종이, 철, 참새 부리, 창문틀, 모래, 고양이 몸속 기생충, 지구 반대편에 사는 곤충의 더듬이, 심해에 사는 물고기, 전 세계 해파리의 촉수, 모든 바다의 산호초……. 나아가 이 세상에 있는 모든 물질에 연고를 바르는 실험을 할 수 있을까요?"

선생님이 목록을 나열하는 동안 학생들은 입을 떡 벌렸다. 연서가 '아니오'를 연발했다.

"무척 어렵겠죠. 그렇게 실험한다면 다친 사람에게 연고를 바르기도 전에 모두 늙어서 죽을 테니까요. 그래서 합성 화학 물질의 안정성을 검사하는 범위는 매우 좁아요. 이 때문에 미처 확인하지 못한 악영향이 드러나기도 하고, 당장 인체에 직접 해를 끼치지 않더라도 다른 방식으로 피해가 돌아오기도 해요."

선생님은 DDT를 살충제로 쓴 뮐러도 DDT가 환경에 어떤 악영향을 미칠지 조금도 예상하지 못했고, 오존층을 파괴하는 '프레온 가스'를 개발한 화학자 토머스 미즐리도 프레온 가스가 지구 대기에 구멍을 뚫는다는 사실이 밝혀지기 30년 전에 세상을 떠났다고 말했다. 세륜이는 가슴이 점점 답답해졌다. 앞자리에서 턱을 받치고 고민하던 유건이가 중얼거렸다.

"그럼 그냥 일단 만들고 문제가 생길 때 확인하는 수밖에 없겠네."

작은 목소리를 놓치지 않고 선생님이 유건이에게 말했다.

"그게 아니에요. 영향을 쉽게 알기 어려우니 더더욱 신중하게 개발하고 조심해서 사용해야죠. 아까 매년 수백 종의 화학 물질을 새로 개발한다고 했죠? 그것들을 모두 일단 사용하다가 '일이 터질 때 그만 쓰지 뭐'라고 생각한다면 끔찍한 피해가 일어날 수 있어요. 알아챘을 때는 이미 돌이킬 수 없는 지경에 이르렀을지도 모르고요."

선생님이 잠시 숨을 고르고 무거운 목소리로 말했다.

"누가 다친 다음에야 사용을 중단하는 방식으로는 결코 안전한 화학이 될 수 없어요."

자기 말이 들릴지 몰랐던 유건이는 조금 당황하며 턱을 받치던 손을 모았다. 학생들은 이제 선생님이 정답을 말해 주기를 기다리는 눈치였다. 반장 영준이가 나섰다.

"선생님, 그러면 화학 발명품은 아예 쓰지 말아야 하나요?"

선생님은 원하던 말이 나왔다는 표정으로 칠판을 향해 돌아서서 분필을 집었다. 그리고 "안전한 화학 발명품"이라는 글자 밑에 크게 "찬성", "반대"라고 썼다. 다시 학생들을 향해 돌아서며 선생님이 외쳤다.

"바로 그 질문에 대한 답을 여러분이 직접 고민해 보는 시간을 가져 봅시다!"

인간의 몸속엔 미세 플라스틱이 가득해

선생님은 '인류에게 화학 발명품이 꼭 필요할까?'라는 주제를 던지며 화학 발명품이 필요하다고 생각하는 '찬성'파와 쓰지 말아야 한다고 생각하는 '반대'파로 나눠 토론하자고 제안했다. 그리고 여섯 줄로 앉은 학생들을 반으로 갈라 창문 쪽에 앉은 학생들에게 '찬성', 벽 쪽에 앉은 학생들에게 '반대' 역할을 맡겼다. 세륜이의 자리는 '찬성' 쪽이었다.

친구들은 각자 생각을 정리하느라 바빴지만, 세륜이는 아무 말도 하고 싶지 않았다. 세상을 구했다고 생각했던 화학 물질이 실은 위험한 물질일 수 있다는 생각이나, 이온이와 여행하면서 느꼈던 희망이 다시 사그라질지 모른다는 생각들이 세륜이를 혼란스럽게 했다.

5분이 지나자 선생님이 토론 시작을 선언했다. 가장 먼저 손을 든 건 채현이였다.

 "DDT에서 알 수 있는 것처럼, 화학 제품은 위험하니 아예 쓰지 않는 게 좋을 것 같습니다!"
 채현이의 말이 끝나기가 무섭게 의견들이 쏟아졌다. 물고 물리는 토론이 이어졌다.
 "모든 화학 발명품이 위험한 건 아닙니다. 화학 덕분에 우리는 편리한 생활을 할 수 있게 됐습니다. 화학자들이 더 조심하면 해결될 일이라고 생각합니다."

"선생님이 아까 말씀하신 것처럼 화학자들이 아무리 노력해도 문제는 일어날 수 있습니다. 몇십 년 편하게 지내려다가 지구가 영영 망가진다면 어떻게 하죠?"

"실수가 두렵다고 다시 원시인처럼 살자는 말인가요? DDT나 프레온 가스 같은 사례는 분명 악영향을 일으켰습니다. 하지만 그 과정이 있었기에 우리가 지금 쓰는 안전한 제품을 개발할 수 있었어요. 문제가 있다면 개선해 나가면 됩니다."

찬성파 연우는 평소에도 성적이 좋은 친구였다. 연우가 자신감 넘치는 목소리로 의견을 펴자 반대파가 잠시 주춤했다. 하지만 세륜이는 연우의 말에 동의할 수 없었다. 발전의 밑거름이 되기 위해 살균제를 산 사람은 아무도 없기 때문이다. 세륜이는 동생의 폐를 되돌릴 수 없다면 어떤 발전도 쓸모없다는 생각이 들었다.

'인제 와서 더 안전한 살균제를 만들 수 있다 해도 무슨 의미가 있다는 거지? 난 절대 용서할 수 없어. 몰라서 그랬다는 말도 용납할 수 없어!'

세륜이는 주먹을 들고 부르르 떨다가 자기도 모르게 책상을 쳤다. 교실의 이목이 세륜에게 집중됐다. 선생님이 "세륜, 발언하세요"라고 말했다. 세륜이는 깜짝 놀라 주변을 둘러보다가 쭈뼛거리며 일어났다. 찬성파 의견을 내려고 희망 버스 여행에서의 기억을 더듬었다.

"화, 화학 발명품에는 농약 같은 독성 물질만 있는 게 아니에요. 인류를 질병에서 구한 비누 같은 발명품도 있고……. 또 지금 우리가 입고 있는 이 옷이나 생활 어디에서나 쓰이는 플라스틱도 화학 발명품이에요. 천연재료와 달리 깨지지도 않고 가볍고 오래가요. 이런 새로운 물건들은 화학이 아니면 하나도 없었을 거예요. 그러니까 화학 기술은 필요하다고 생각합니다."

세륜이는 발표를 마치고 숨을 고르며 자리에 앉았다. 처음에는 당황했지만, 차츰 여행에서의 기억이 떠올라 자신 있게 말할 수 있었다. 반대파 보석이가 딱 걸렸다는 표정으로 일어났다.

"플라스틱이야말로 무분별한 화학 제품의 사용으로 지구 환경을 파괴한 전형적인 사례입니다! 플라스틱은 500년이 지나도 썩지 않습니다. 바다에 우리나라보다 큰 플라스틱 쓰레기 섬이 있다는 사실을 아시나요?"

연우가 잽싸게 받아쳤다.

"재활용하면 됩니다!"

보석이가 고개를 흔들며 말했다.

"플라스틱의 재활용률은 아주 낮아요. 당장 편하다고 마구잡이로 쓰는 바람에 지구 전체가 플라스틱 쓰레기통이 됐다고 합니다. 배 속이 플라스틱 쓰레기로 가득 차 죽은 앨버트로스 사진을 보셨나요? 플라스틱을 먹고 죽은 동물들의 사체는 셀 수 없을 정도예요."

계속 기죽지 않고 의견을 펼치던 연우도 이번에는 머뭇거렸다. 보석이가 말한 앨버트로스 사진을 본 적이 있는 모양이었다. 선생님은 무슨 이야긴지 몰라 갸웃하는 친구들을 위해 화면에 검색 결과를 띄웠다. 깃털이 아직 그대로 보이는 새의 사체 사진이 나타났다. 썩어서 드러난 배에 플라스틱 쓰레기가 빈틈없이 차 있었다. 낚싯바늘, 페트병 뚜껑, 라이터 등 모양이 그대로 보존된 플라스틱 조각이 가득했다. 선생님이 씁쓸한 목소리로 말했다.

"현재 살아 있는 바다새의 약 90퍼센트가 플라스틱을 먹고 있다는 연구 결과가 있어요. 한 마리에게서 200개의 플라스틱 조각이 발견된 사례도 있다는군요."

계속 조용히 있던 지유가 떨리는 목소리로 말했다.

"인간도 매일 신용카드 분량의 미세 플라스틱을 먹고 있대요. 보이지도 않을 만큼 작은 플라스틱이 계속 몸에 쌓이는 거예요. 저는 솔직히 무서워요. 우리도 바닷새처럼 되면 어떡해요……."

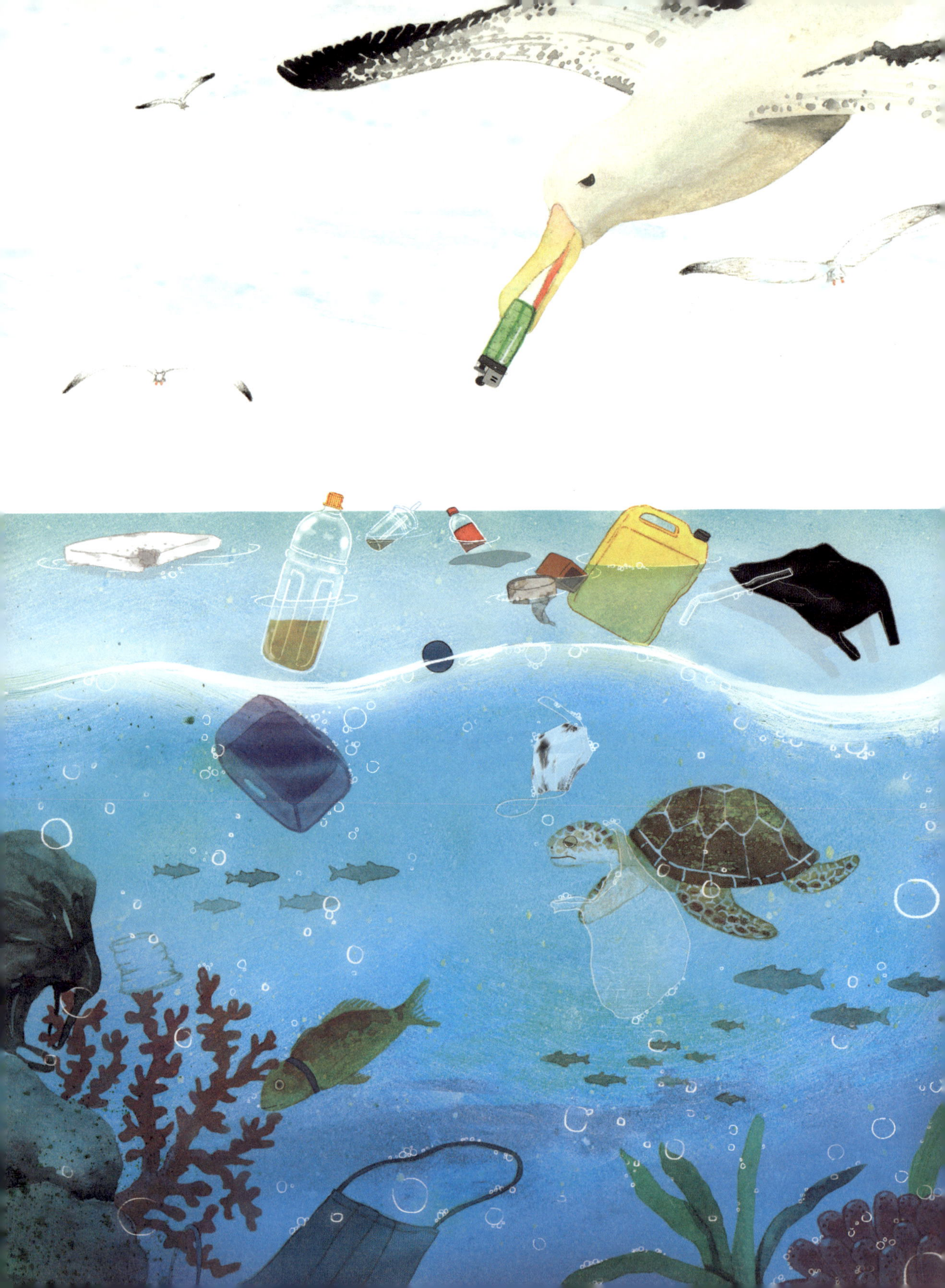

직박구리는 어디로 갔을까?

마지막 교시의 종이 울렸다. 세륜이는 얼른 가방을 챙겨 자리에서 일어났다. 원래 도서관에 들러 화학책을 빌릴 생각이었지만 마음이 바뀌었다. 얼른 집에 가서 쉬고 싶었다. 세륜이는 교문을 향해 걸으며 3교시 수업을 곱씹었다. 세륜이의 마음에서는 아직 토론이 끝나지 않았다. 어느 쪽으로도 의견을 정할 수 없었다. 친구들의 말도 선생님의 말도 날카롭고 아프게 느껴졌다.

'훌륭한 화학자가 되면 행복한 미래가 올 줄 알았는데. 그게 아닌 걸까?'

DDT가 위험한 물질이라는 사실도 충격적이었지만 플라스틱처럼 독성이 없는 줄 알았던 물건도 지구를 해치고 있다는 사실은 세륜이의 마음을 갈팡질팡하게 하였다. 이온이가 알려 준 화학의 기적을 믿고 싶은 마음과, 역시 화학은 나쁜 거였다는 배신감이 동시에 들었다.

'어떻게 된 건지 모르겠어. 어느 쪽이 진실인 거야, 이온?'

세륜이는 땅을 보던 얼굴을 들어 하늘을 쳐다보았다. 희망 버스를 찾고 싶었다. 그때 세륜이의 눈에 반짝이는 물체를 물고 가는 직박구리 한 마리가 들어왔다. 세륜이는 수업에서 본 앨버트로스가 떠올라 심장이 덜컹 내려앉았다.

'뭘 물고 있는 거지? 혹시 플라스틱 조각 아닐까?'

세륜이는 직박구리를 쫓아 달리기 시작했다. 새가 플라스틱을 먹을까 봐

105

걱정됐다. 그런 마음을 아는지 모르는지 직박구리는 점점 멀리 날았다. 숨이 턱 끝까지 차오르도록 달렸지만 결국 직박구리를 놓치고 말았다. 세륜이는 땅바닥에 철푸덕 주저앉아 새가 날아간 방향을 바라봤다.

제발 위험한 물건이 아니길 빌었다.

"다녀왔습니다……."

세륜이는 힘없는 목소리로 말하며 현관문을 열었다. 땀과 흙으로 범벅된 몸을 얼른 씻고 싶었다. 화장실로 가는 길에 부엌에 있는 나륜이와 엄마가 보였다. 세륜이가 오는 소리를 듣지 못한 모양이었다. 식탁에 앉은 나륜이가 웃는 얼굴로 빵을 먹고 있었다. 세륜이는 마음이 조금 누그러지는 기분이 들었다. 다시 한 번 인사하려고 목소리를 내려는 순간이었다.

"엄마, 물이 떨어졌어요."

"어라 그렇구나. 잠깐만. 새 거 꺼내 줄게."

엄마가 페트병에 든 생수를 들고 나륜에게 다가왔다. 세륜이네 가족은 평소에 천연 암반수를 사 먹는다. 엄마가 정수기 소독도 유해할지 모른다고 생각하기 때문이다. 세륜이도 평생 페트병에 든 물을 먹어왔다. 그런데 과연 그 선택이 옳았던 걸까? 세륜이는 학교에서 오고 간 토론 내용을 떠올렸다.

'평생 먹어 온 저 페트병들은 다 어디로 갔을까?'

엄마가 물을 나륜이의 컵에 따랐다. 세륜이의 머릿속에 더 무서운 생각이 스쳤다.

'매일 사람의 몸에 미세 플라스틱이 쌓이고 있대요.'

지유의 목소리가 다시 재생되는 듯했다. 나륜이가 물을 먹으려고 하자 세륜이가 놀라 소리쳤다.

"마시지 마!"

놀란 나륜이와 엄마가 세륜이를 쳐다봤다.

"세륜이 왔구나. 언제부터 거기 서 있었니? 씻고 와서 너도 이리 오렴."

"언니, 한참 기다렸어. 그런데 왜 그렇게 꼬질꼬질해? 술래잡기했어?"

나륜이와 엄마는 세륜이의 말을 제대로 듣지 못한 것 같았다. 나륜이가 다시 컵을 입으로 가져갔다.

"마시지 말라니까, 나륜아!"

그제야 두 사람이 의아하다는 표정을 지었다.

"왜 그래, 언니?"

세륜이는 머릿속에 미세 플라스틱, 앨버트로스, DDT, 원자와 원소……. 온갖 말이 맴돌았다. 하지만 그중 하나도 제대로 꺼낼 수 없었다. 머릿속이 온통 복잡했다. 세륜이가 외쳤다.

"잠깐 기다려, 내가 다른 물 찾아올게. 그거 마시지 말고 있어!"

답을 찾으려고 다시 희망 버스에 오르다

플라스틱에 담겨 있지 않은 물을 찾으려고 세륜이는 온 동네를 돌아다녔

다. 편의점에도 가보고 마트에도 가보고 자판기도 봤다. 하지만 어디에도 그런 건 없었다. 세륜이는 동네에 남은 마지막 슈퍼에 들어갔다. 세륜이가 가게 주인에게 물었다.

"혹시 유리병에 담긴 생수는 없나요?"

"그런 제품은 아마 이 동네 어디에도 안 팔걸?"

"왜 안 팔아요?"

"플라스틱보다 비싸고 무겁고, 깨지잖니."

"그렇지만 플라스틱은 환경을 파괴한대요. 미세 플라스틱도 나오고요."

가게 주인이 눈을 동그랗게 뜨고 신기하다는 듯 세륜이를 바라봤다. 그리곤 말했다.

"하하, 그깟 플라스틱 좀 쓴다고 별일 있겠니. 다들 잘만 사는걸. 애야, 그런 것들은 다 헛소리란다. 잘 분류해서 버리면 아무 문제 없어."

세륜이는 입을 다물고 가게 밖으로 나왔다. 아무리 분류해서 버려도 플라스틱은 대부분 재활용되지 못한다는 사실을, 결국 바다로 흘러가서 물고기와 새를 죽인다는 사실을 세륜이는 이제 알았지만 그런 말을 꺼내지는 않았다. 그 사실들이 세륜이에게도 상처를 줬기 때문이다.

페트병을 든 채 터덜터덜 걷던 세륜이는 가게 근처 벤치에 앉았다. 어느새 해가 저물고 있었다. 머리 위 가로등이 켜졌다.

'이렇게 어둠을 밝힐 수 있는 것도 화학 덕분이겠지?'

세륜이는 가로등 불빛을 보며 생각에 잠겼다.

'하지만 화학이 우리를 아프게 한다면 어둡게 사는 게 훨씬 나았을 거야. 역시 틀렸어. 겨우 화학을 좋아할 수 있게 된 줄 알았는데. 그럴 수가 없어.'

왜인지 눈물이 났다. 바라보고 있던 가로등 불빛도 일렁일렁거렸다. 눈물을 닦아 내고 다시 하늘을 보는데 바람을 가르는 듯한 소리가 들렸다. 쿵 소리와 함께 무언가 떨어졌다. 노란 옷을 입은 여행자, 이온이었다.

"세륜! 잘 있었어?"

밝은 목소리로 인사하며 이온이가 달려왔다. 세륜이는 순간 반가운 마음이 들었지만, 이온이와 헤어진 뒤 있었던 일들이 생각나 울컥 화가 났다. 이온이가 내민 손을 뿌리치며 세륜이가 말했다.

"이온, 너는 알고 있었어?"

"뭘 말이야?"

"DDT가 그렇게 위험하다는 걸 말이야. 혹시 알면서도 사람들이 뿌리는 걸 그냥 둔 거니?"

이온이가 놀란 표정을 지었다. 그리고 쓸쓸한 얼굴로 세륜의 말을 듣기만 했다. 세륜이는 하루 동안 자신을 혼란스럽게 했던 말들을 쏟아냈다.

"석유로 만든 물건들이 지구를 파괴하고 우리 몸에 가득 쌓여 가고 있다는 것도 알았어? 플라스틱을 먹고 그 많은 새가 죽는 것도? 수천만 명을 구할 거라던 농약이 인류 역사상 가장 끔찍한 화학 사고를 일으킨다는 걸 다 알았느냔 말이야!"

세륜이의 목소리가 떨리고 있었다. 이온이는 대답 대신 고개를 끄덕였다.

"맞아. 알고 있었어. 실은 네가 희망 여행에서 마지막으로 본 폐허가 된 도시도 다 화학으로 개발한 무기 때문에 그렇게 된 거야. 그래서 나도 네가 마냥 화학을 편리한 도구로만 생각하는 게 걱정되기도 했어."

"그런데 왜 말하지 않았어! 왜 위험한 물질 개발을 막지 않았어! 너라면 할 수 있잖아!"

세륜이는 살충제가 발명되지 않았다면, 그래서 살균제도 생겨나지 않았다면, 세륜이 가족이 그런 사고를 당할 일이 없었을 거라는 생각이 들었다. 이온이가 침울한 목소리로 말했다.

"나는 과거를 절대 바꿀 수 없어. 그건 용납되지 않는 범죄야. 그 대신 난……"

이온이는 우물쭈물하며 말을 끝맺지 못했다. 세륜이는 망치로 머리를 맞은 것처럼 정신이 멍해졌다. 희망으로 보였던 모든 게 거짓이었을 뿐일까? 세륜이가 포기하듯 말했다.

"역시 화학은 나쁜 거지? 인류가 화학을 몰랐다면 세상에 이런 일은 안 생겼을 거야."

그러자 이온이가 단호한 목소리로 말했다.

"아니야. 그건 틀렸어."

세륜이가 이온이를 바라보자 이온이가 덧붙였다.

"화학이 나쁜 게 아니야. 그걸 잘못 사용한 게 나빴던 거지."

세륜이는 그게 무슨 차이인지 알 수 없었다. 이온이가 하늘을 올려다보며 말했다.

"가자. 너에게 보여 줄 게 있어."

세륜이가 이온이를 따라 하늘을 봤다. 달인 줄 알았던 불빛이 점점 커졌다. 희망 버스였다.

유해화학 물질에서 안심할 수 있는 사회

생명보다 돈이 더 중요한 사람들

"여긴 또 어디야?"

주위를 두리번거리며 세륜이가 작은 목소리로 속삭였다. 희망 버스에서 내린 이온이가 손가락으로 '쉿' 표시를 하며 조용히 따라오라고 했기 때문이다. 몸을 낮추고 조심스럽게 걸으며 이온이가 말했다.

"손 소독제를 만드는 공장이야. 앗, 여기다. 이리 와서 귀를 대 봐."

이온이가 벽에 착 달라붙은 채 세륜이에게 손짓했다. 세륜이는 살금살금 다가가 유리창 너머를 봤다. 유리창 안쪽은 이온이의 실험실처럼 실험 도구가 가득한 방이었다. 두 사람이 대화를 나누고 있었다. 세륜이는 귀를 기울였다. 한 사람이 말했다.

"에틸알코올 대신 메틸알코올 함량을 높여요. 생산비를 아껴야 이윤이 많이 남지."

"하지만 메틸알코올은 너무 위험해요. 잘못했다가는 인명 피해가 일어날 수도 있어요."

"전부 다 메틸알코올로 하라는 게 아니고 적당히 섞으라는 거죠. 그 정도로 죽거나 하진 않을 거라고요. 누가 바보같이 손 소독제를 마시겠어요?"

"하지만 어린이도 많이 쓰고 혹시 소독제를 바른 손으로 눈을 비빌 수도 있는데요. 게다가 성분표에는 뭐라고 쓰죠?"

"하하하, 그거야말로 걱정할 거 없는 부분이지. 어차피 사람들은 에틸기와 메틸기의 차이도 모를 테니까요!"

세륜이는 그 순간 너무 화가 나서 큰 소리를 낼 뻔했다. 이온이가 팔을 잡지 않았다면 문을 부수고 들어갔을지도 모른다. 기분 나쁘게 마주 웃던 실험실 안 두 사람이 계속 대화를 이어갔다.

"그럼 메틸알코올 함량을 높이겠습니다. 생산 노동자들에게는 위험성을 알려야 하겠죠?"

"무슨 소리! 모르는 게 약입니다. 위험 수당이라도 달라고 하면 어쩌려고."

● **에틸알코올과 메틸알코올** 에틸알코올은 술의 주성분이며, 주류뿐만 아니라, 소독이나 화장품에 쓰입니다. 반면 메틸알코올은 에틸알코올과 달리 맹독성 물질입니다. 메틸알코올이 우리 몸에 들어오면 간과 시신경을 파괴한다고 합니다. 에틸알코올보다 메틸알코올 가격이 저렴합니다.

"과연 그렇군요."

"우리 업계의 가장 큰 이점은 뭐니 뭐니 해도 사람들이 화학을 모른다는 점 아니겠어요? 그걸 최대한 활용해서 이득을 내야 합니다. 기억해 두세요. 껄껄껄!"

한 사람이 그렇게 말하며 만족스러운 표정으로 문을 향해 걸어왔다. 세륜이와 이온이는 얼른 모퉁이를 돌아 몸을 숨겼다. 숨을 죽이고 벽에 붙어 서 있는 동안 발소리가 멀어졌다.

"방금 그 사람들은 대체 뭐야?"

실험실에서 한참 떨어진 복도를 걸으며 세륜이가 물었다. 이온이는 혀를 차며 답했다.

"비양심적인 제조 회사의 모습이야. 안전한 원료 대신 값싼 유독 물질을 사용하려는 거지."

"그래도 되는 거야?"

"물론 안 되지. 하지만 실제로 이런 일이 빈번하게 일어난다는 게 끔찍한 진실이야."

"어떻게 그럴 수가 있어……."

세륜이가 믿을 수 없다는 듯 읊조렸다. 두 사람은 어느새 커다란 문 앞에 도착해 있었다. 이온이가 비밀번호를 입력하는 패드에 팔찌를 갖다 댔다. '디리링' 소리가 나며 잠금이 풀렸다.

이온이는 자신의 몸통만 한 손잡이를 양손으로 잡고 비틀었다. 철문이

스르륵 열렸다. 세륜이가 문틈으로 들어가자 이온이도 따라 들어온 뒤 문을 닫았다. 버튼이 빼곡한 거대 기계와 금속으로 된 원통들이 보였다. 이온이가 방 안을 둘러보며 말했다.

"여기라면 한동안 눈에 띄지 않을 거야."

"뭘 하려는 거야, 이온?"

"저 나쁜 놈들이 메틸알코올을 쓰지 못하게 모조리 반응시켜 버릴 거야."

"또 새로 가져와서 소독제를 만들면 어떡해."

"아마 그러기 힘들걸. 아까 대화 나누는 모습 다 촬영해 뒀거든. 이걸 세상에 공개할 거야."

이온이가 원통을 타고 올라가 뚜껑 위에 선 채 소형 카메라를 흔들어 보였다. 세륜이가 감탄하는 동안 이온이가 팔찌를 두드려 커다란 실험용 유리병 플라스크를 꺼냈다.

신비로운 색으로 빛나는 액체가 담긴 플라스크였다. 액체를 쏟아붓자 원통에서 라벤더 냄새가 퍼지기 시작했다. 메탄올이 반응하는 모습을 지켜보며 이온이가 말했다.

"아까 화학이 나쁜 게 아니라 그걸 잘못 사용하는 게 문제라고 말했지? 바로 이런 사례들이 그 증거야. 위험하다는 걸 알면서도 무책임하게 만든 화학 제품들이 안전을 위협하는 거지."

"하지만 오늘 수업에서 선생님이 말씀하셨는데, 당장 독성이 없는 것처럼 보이는 화학 물질도 다른 곳에서 어떤 악영향을 미칠지 모른대."

"그것도 맞는 말이야. 하지만 대부분 문제는 '미처 몰랐기 때문에' 발생하는 게 아니라 '제대로 검증하지 않았기 때문에' 발생해."

"제대로 검증하지 않았다고?"

"그래. 한국에서 유통되는 4만여 종의 화학 물질 중 안정성이 제대로 검증된 건 극히 일부에 불과해. 99퍼센트 이상이 유해성, 용도, 안전 취급 요령 등에 관한 정보가 부족한 상태로 사용됐지."

"어떻게 그럴 수가……. 모두가 안전하다고 믿고 썼을 텐데."

"상식적으로 당연히 그래야 하는데, 실상은 그렇지 못했어. 화학 제품의 유통은 철저히 기업 중심으로 이뤄졌거든. 기업 비밀이라고 하면 정보를 숨길 수 있고, 문제가 생겨도 몰랐다고 하면 책임을 피할 수 있었지. 믿고 제품을 사용한 소비자만 피해를 입는 거야."

세륜이는 가습기 살균제가 떠올라 부르르 몸을 떨었다. 이온이가 계속 말했다.

"유해 화학 물질을 관리하고 평가하는 '화학 물질 관리법(화관법)'과 '화학 물질 등록 및 평가 등에 관한 법률(화평법)'이 시행된 것은 고작 2015년이야. 지난 수십 년간 화학 물질 피해자가 수없이 발생한 뒤에야 비로소 본격적인 검증이 시작된 거야. 실제로 화평법, 화관법 시행 후에 화학 사고가 절반으로 줄었어."

"휴, 정말 이해할 수가 없지만, 이제라도 생겼으니 지금은 안심하고 화학 제품을 쓸 수 있는 거야?"

화관법과 화평법

    화관법이라 주로 불리는 '화학 물질 관리법'과 화평법이라 불리는 '화학물질 등록 및 평가 등에 관한 법률'은 화학 물질을 보다 안전하게 사용하려고 도입한 안정성 평가 제도입니다. 먼저 화관법은 2012년 발생한 구미 불산 누출 사고를 계기로 제정됐으며, 유해 화학 물질로 판명된 물질을 체계적으로 관리하고 화학 사고를 예방하기 위해 유해 화학 물질의 취급 기준을 강화한 법률입니다. 화관법은 크게 '국민의 알권리 보장'과 '안전 관리 강화', '사고 예방 관리', '신속한 대응'에 관한 내용으로 이뤄져 있습니다. 유해 화학 물질을 엄격하게 관리해서 피해를 예방하고, 문제가 발생했을 때 신속하게 대응할 수 있도록 하는 시스템을 제도화한 것입니다.

    화평법은 가습기 살균제 사건 이후 생활용 화학 제품 때문에 발생하는 사고에서 국민의 건강과 환경 오염을 예방하려고 2013년 제정되어 2015년부터 시행되고 있는 법률입니다. 매년 국내 시장에 유입되는 신규 화학물질은 1톤 이상에 이르는데, 이 모든 물질에 대한 유해성 심사를 의무화하는 것이 화평법의 핵심이지요. 또한 신규 화학 물질에 대해서만 실시하던 유해성 심사를 개편해 기존 화학 물질까지 심사 대상을 확대해 유독 화학 물질을 보유하고 있는 회사들이 반드시 이에 관한 정보와 자료를 등록하게 했습니다. 이처럼 화관법과 화평법은 생명과 환경에 위험할 수 있는 유해 물질에서 우리 사회와 지구를 지키는 역할을 합니다.

"아니. 지금도 화평법, 화관법을 축소하려는 기업의 시도가 계속되고 있어. 이윤을 높이려고 규제를 완화하려는 거지. 실제로 2015년 이후에 축소하는 방향으로 개정되기도 했고. 시민 사회가 계속 감시하고 목소리를 내지 않으면 또다시 기업만을 위한 법으로 변질되고 말 거야. 실질적으로 소비자를 보호하는 역할을 할 수 없게 되는 거지."

"왜 법을 완화해? 기업도 안전한 제품을 만들면 좋은 거 아니야?"

"안전한 제품을 만들려면 더 많은 노력과 비용이 들어가거든. 단순히 세균을 죽이기만 하는 화학 물질을 만드는 건 쉽지만 세균은 죽이면서 인체에 무해한 화학 물질을 만드는 건 훨씬 어려운 것처럼. 그런 물질을 개발한다고 해도 생산 단가가 훨씬 올라갈 수도 있고."

"고작 그런 이유로 사람들을 위험에 몰아넣는다고?"

"물론 모든 기업이 그런 건 아니야. 안전한 제품을 만들려고 노력하는 회사도 많지. 그런 기업이 유지되게 하려면 악덕 기업이 부당하게 이익을 얻지 못하도록 국가는 규제를 강화하고 시민들은 지속적인 관심을 가져야 해."

"관심을 가지려면 어떻게 해야 하지?"

"우선은 화학을 무조건 멀리하는 게 아니라 더 알려고 노력해야겠지. 물론 아주 전문적인 부분까지 직접 파악하는 건 어려울 거야. 하지만 전문가 집단이 공개하고 설명한 자료를 보고 옳고 그름을 판단할 수 있어야 해. 화학 물질 관리법의 핵심은 유해 화학 물질에 대한 국민의 알 권리를 보장하는 건데, 정보를 보는 사람이 아무도 없거나 정보를 봐도 무슨 뜻인지 전혀 알지 못한다면 여전히 문제가 발생하겠지? 화학 물질을 잘 아는 사람이 많을수록 거짓말을 하기 어려울 거야."

"그래서 미래를 바꾸려면 화학을 제대로 알아야 한다고 한 거구나."

"맞아. 싫고 어렵다고 멀리하면 또 다른 피해자가 생길 뿐이야."

이온이가 반응이 끝난 액체를 보고 "좋아, 끝났군!"이라고 외치며 폴짝 뛰어내렸다. 이온이는 땅에 내려온 뒤에도 세륜이에게 몇 가지 설명을 더 해 주었다. 화학 물질의 가장 중요한 원칙은 '예방 우선의 원칙'이라는 점을 특히 강조했다. 문제가 생기기 전에 철저하게 안전을 검증해야 하고 혹시 사람과 환경에 문제가 생긴다면 철저하게 기업이 책임지는 구조가 되어야 한다고 말이다.

"그렇지 않으면 끔찍한 미래가 올 거야."

이온이가 다시 철문을 열고 좌우를 살피며 말했다. 세륜이가 발소리를 죽이고 조심스럽게 방을 빠져나가며 생각했다.

'끔찍한 미래라니, 어떤 미래를 말하는 걸까?'

첫 번째 미래, 화학 독성에 중독된 사람들

"으아아아악, 너무 아파요. 피부가 따가워 죽을 것 같다고요!"

한 사람이 울부짖으며 병원 바닥으로 쓰러졌다. 얼굴을 마구 긁으며 몸 부림쳤다. 쓰러진 사람의 얼굴과 목과 팔이 빨간 반점으로 가득했다. 간호사가 그 사람에게 달려가 얼굴을 긁지 못하도록 팔을 잡았다. 환자는 진정하지 못하고 계속 울부짖었다.

"어쩜 좋아! 이거라도 벗어서 주면 안 될까, 이온?"

세륜이가 자신의 방호복을 잡고 이온이에게 물었다. 미래에 도착하기 직전 이온이는 세륜에게 투명한 방호복을 주며 절대 벗지 말라고 당부했다. 하지만 이렇게 고통스러워하는 사람을 보니 가만히 있을 수가 없었다. 이온이는 고개를 저으며 말했다.

"이미 늦었어. 너무 오래 독성에 노출됐어. 지금 입는다고 달라지지 않아."

세륜이는 괴로운 얼굴로 주위를 둘러보았다. 피부가 울긋불긋하거나 파랗게 딱지가 앉거나 오돌토돌 일어난 사람들이 대기실을 가득 메우고 있었다. 그들은 자신의 미래를 보듯 땅바닥에서 울고 있는 사람을 측은하게 바라봤다. 반대쪽 복도에는 기침을 하는 사람들이 잔뜩 앉아 있었다. 세륜이보다 어린 아이들이 계속 콜록콜록 소리를 냈다. 세륜이는 동생이 생각나 괴로웠다. 그때 간호사에게 붙잡힌 환자가 다시 한 번 소리를 질렀다.

"제발 어떻게 좀 해 주세요. 너무너무 간지럽고 따갑고 아파요. 으아아아아!"

세륜이는 두 눈을 질끈 감았다. 그럴수록 울음소리가 잘 들렸다. 드디어 그 환자의 차례가 됐는지 간호사들의 부축을 받고 진료실로 들어갔다. 콜록콜록 기침을 하는 사람들도 한마음으로 진료실을 바라봤다. 진료실 문이 닫히자 잠시 침묵이 찾아왔다. 누군가 훌쩍이는 소리가 났다.

세륜이와 이온이는 병원에서 빠져나왔다. 100년 뒤라고 해서 엄청나게 달라졌을 줄 알았는데, 미래는 세륜이의 생각보다 평범한 모습이었다. 하늘을 나는 자동차도 없고 안드로이드가 거리를 활보하지도 않았다. 다만 사람들의 모습이 달라졌다. 분명 여름인데도 거리의 사람들은 모두 반질거리는 재질의 긴팔 긴바지를 입고 있었고 얼굴에는 호흡기가 달린 커다란 마스크를 쓰고 있었다. 마치 우주인 같았다.

세륜이는 신기하게 미래 풍경을 둘러보다가 공원에서 놀고 있는 한 아이를 발견했다. 세륜이의 또래쯤 돼 보였다. 아이는 세륜이가 가진 겨울옷이랑 비슷한 평범한 면 재질의 긴팔 긴바지를 입고 있었다. 그리고 호흡기나 마스크를 쓰지 않았다. 세륜이는 아이에게 다가가며 말을 걸었다.

"너는 마스크를 안 쓰니?"

"응. 나는 방호복이 없어."

"그럼 저런 옷은 특별히 아픈 사람만 입는 거야?"

세륜이가 지나가는 사람을 한 명 가리키며 물었다. 아이가 공을 통통 차며 말했다.

"아니. 모든 사람이 입어야 해. 공기 속 유해물질 농도가 너무 높거든."

삐익삐익삐익삐익!

어디선가 경보가 울렸다. 아이가 스피커를 올려다보곤 바닥에 앉으며 말했다.

"아, 오존 경보다."

"오존 경보?"

"대기 중 오존 농도가 너무 높으니 야외 활동을 하지 말라는 신호야."

"오존은 좋은 거 아니야? 오존층이 파괴되지 않게 지켜야 한다고 배웠는데."

"오존은 저 높이 성층권에 있어야 좋은 거야. 우주에서 들어오는 강한 자외선을 막아 보호해 주거든. 그런데 지금은 생물들이 숨 쉬는 대기권에서 오존이 다량 생성되고 있어. 콜록콜록."

아이가 말을 하는 내내 눈을 비비며 기침을 했다. 세륜이가 걱정스러운 목소리로 물었다.

"그럼 너는 왜 방호복을 안 입었어?"

"우리 집은 그럴 돈이 없어. 온갖 종류의 유해물질을 막아 주는 방호복은 너무 비싸. 한두 개 차단하는 걸로는 어차피 별 효과도 없어서……. 난 그냥 이렇게 지내."

세륜이는 괜찮냐고 물을 용기가 나지 않았다. 아이가 그 마음을 읽은 듯 담담하게 말했다.

"그래도 난 살아 있잖아. 전염병에 걸리지 않은 것만으로도 다행이지."

"전염병까지 돌아?"

"하하, 너는 어느 세상에서 온 거니? 정말 아무것도 모르는구나. 지난 100년 동안 2년에 한번 꼴로 전염병이 터졌어. 생태계가 손 쓸 수 없이 파괴됐기 때문이래."

"생태계가 왜 그렇게 파괴된 거야?"

"나도 과학 시간에 배운 건데, 옛날 사람들이 탄소 배출량을 줄이지 않아서 기후 변화가 가속화됐대. 바다 온도가 계속 높아지면서 해양 생물도 거의 멸종했고."

아이는 지난 100년의 역사를 차근차근 설명해 주었다. 자연 분해되지 않는 쓰레기들이 인류가 처리할 수 있는 범위를 훌쩍 넘어섰다는 얘기와 토양과 수질 오염이 너무 심해서 농작물 생산량도 극심히 줄어들었다는 얘기, 모든 사람의 몸에 미세 플라스틱을 비롯한 유해 물질이 과다 축적됐다는 얘기도 했다. 세륜이는 그 100년이 자기가 살아가게 될 미래라는 생각에 몸을 떨었다.

"2000년대 초반에는 세계 인구가 계속 늘어났는데, 지금은 그 반밖에 안 돼. 그나마도 모두 크고 작은 병을 앓고 있지. 나는 건강한 편이야. 콜록콜록. 앞으로는 어떻게 될지 모르지만……."

아이가 팔을 긁으며 말했다. 세륜이가 심각한 표정으로 생각에 잠겨 있자 아이가 다시 일어나 공을 찼다. 그리고 화제를 전환하려는 듯 말했다.

"그거 알아? 옛날 사람들은 모두가 방호복 없이 살았대. 바다나 계곡에서 맨몸으로 수영도 했다더라. 상상이 안 되지?"

아이가 이보다 신기한 일이 없다는 듯한 표정을 지었다. 하지만 세륜이는 쉽게 상상할 수 있었다. 아니 그런 세상을 잘 알고 있었다. 방호복을 입지 않고 친구들이 야외에서 함께 놀고, 바다에서 맘껏 수영도 할 수 있는 세상. 바로 세륜이가 사는 시대였다. 그런데 불과 몇 십 년 뒤면 그런 세상이 불가능해진다니, 세륜이는 걱정으로 눈앞이 캄캄해졌다.

삐익삐익삐익삐익!

"아, 새로운 경보다. 너도 이제 그만 안전한 곳으로 들어…… 콜록콜록콜록!"

세륜이에게 대피하라고 알려 주던 아이가 심하게 기침하며 주저앉았다. 세륜이는 아이에게 달려갔다. 하지만 해 줄 수 있는 게 없었다. 아이는 어느새 눈물까지 흘리고 있었다. 오존 때문에 눈이 너무 따갑다고 말했다. 세륜이는 애타는 눈빛으로 이온이를 쳐다보며 소리쳤다.

"이온, 뭔가 좀 해 봐!"

이온이가 세륜이와 아이에게 다가왔다. 그리고 팔찌에서 호흡기를 꺼내 아이의 입에 물려 주고 바닥에 눕혔다. 아이의 호흡이 서서히 진정됐다. 세륜이는 아이의 손을 꼭 잡고 이온에게 말했다.

"이온, 내가 할 수 있는 일은 없어?"

"응. 이 세계는 너무 오염이 심해서 손 쓸 도리가 없어. 과거를 바꿔서 이런 미래가 오지 않게 하는 게 유일한 방법이야."

"과거?"

"네가 살아가는 세상 말이야. 세륜, 너의 현재. 너희 시대에서 화학을

'제대로' 쓰면 미래를 바꿀 수 있어."

세륜이는 드디어 마음이 선명해지는 느낌이 들었다. 동생의 폐를 되돌릴 수 없다면 왜 화학을 마주해야 하는지 모르겠다고 생각했지만, 이제는 확실히 알 것 같았다. 더는 주저앉아 고민하고 있을 수 없었다. 행복한 미래를 만들 수 있는 건 '현재'뿐이다.

세륜이는 결의에 찬 얼굴로 자신의 방호복을 벗어 아이 옆에 놓았다. 그리고 무릎을 꿇고 아이에게 속삭였다.

"걱정 마. 내가 꼭 미래를 바꿀게."

세륜이가 자리에서 일어서자 아르곤이 세륜이를 불렀다. 어느새 희망 버스가 도착해 있었다. 세륜이는 아이에게 작별 인사하며 희망 버스에 올라탔다.

지금 우리에게 화학이 필요한 이유

버스가 다시 날아올랐다. 세륜이가 착잡한 마음으로 말했다.

"이런 미래가 되지 않으려면 어떻게 해야 하지? 역시 화학 기술을 멀리해야 하는 거 아니야?"

이온이는 방호복을 벗고 실험실로 향하며 말했다.

"우리 세계도 그런 고민을 할 때가 있었어. 우리도 옛날엔 지금의 지구처럼 무분별한 인공 화학 물질로 심하게 오염됐었거든. 그런데 망가진 세계를 되돌리는 열쇠도 화학에 있었어."

"망가진 세계를 되돌리는 열쇠?"

"응. 그 시대에 대해서는 아르곤이 더 잘 아니까 아르곤에게 들어. 난 뭘 좀 만들어야 해서."

이온이가 실험복을 입으며 찬장을 열었다. 세륜이가 아르곤을 돌아보자 아르곤이 매우 기쁜 표정으로 운전석에서 일어났다. 아르곤이 말했다.

"우리별도 완전히 화학 폐기물의 쓰레기통 같은 때가 있었다. 사람들은 걱정했지. 화학을 그만 써야 한다는 말도 나왔어. 그런데 이미 오염된 곳들을 정화할 수 있는 건 화학뿐이었다. 대지에 가득 뿌려졌던 유독 물질을 안전한 성질로 바꾸고 생물들 체내에 쌓인 중금속도 없애고 스스로 안 썩어서 수백 년간 쌓여 있던 쓰레기를 자연으로 돌아가게 해야 했어. 물리적으로 불가능했다. 화학만이 가능했지."

"아르곤 목소리를 이렇게 오래 들은 거 처음이네요. 그래서 어떻게 됐어요?"

"결국, 화학이 답이란 걸 알아내고 더 노력하기로 했어. 그때부터 우리별 사람들은 전에 없이 열심히 화학을 연구했다. 세상을 망치는 데 썼던 화학 기술보다 수천 배 고도화된 화학을 이해하는 데 성공했고 비로소 우리 행성의 문제를 하나둘 해결할 수 있었어. 기존의 문제를 해결하는 데만 그치지 않았어. 새로운 물질을 만들 때는 신중에 신중을 기했고 혹여나 일어날 수 있는 모든 가능성을 고려했다. 하나라도 위험성 있다고 생각되면 절대 사용하지 않았어."

"그러면 예전보다 살기 불편하진 않았어요?"

"전혀 아니다. 옛날 화학이 오히려 생명권 침해하던 화학이었지. 지속 가능한 발전을 우선시했기 때문에 세상은 더 살기 좋은 곳이 됐어. 우리별은 너무 아름다워. 지구보다 훨씬 발전했는데도 말이야."

"그렇군요……."

세륜이가 부러운 듯 읊조렸다. 이온이는 여전히 실험실에서 이 기구, 저 기구 만지며 뭔가를 만들고 있었다. 세륜이가 창밖을 보며 말했다.

"우리 세계에도 그런 미래가 올 수 있을까요?"

아르곤이 벌떡 자리에서 일어나 주먹으로 가슴을 팡팡 치며 말했다.

"그럼 그럼. 우리가 지금 거기로 가고 있는 걸!"

세륜이가 "네?" 하고 묻자 아르곤이 운전석으로 가서 자율 주행 모드를 끄며 외쳤다.

"희망 버스 10초 뒤 두 번째 미래에 도착합니다!"

백년, 천년, 만년 뒤를 생각하는 화학

두 번째 미래, 행복한 화학 나라

실험실에 있던 이온이가 실험을 중단하고 문 쪽으로 걸어 나왔다. 세륜이가 물었다.

"두 번째 미래라니 무슨 뜻이야?"

"아까 본 미래와는 다른 미래. 네가 현재를 바꾸겠다는 결심을 해서 새로운 가능성의 미래가 생겨났어. 여러 갈래의 가능한 미래 중에 화학이 제대로 발전한 미래로 온 거야."

"내가 결심했기 때문에 생긴 새로운 미래라고?"

세륜이는 심장이 두근거렸다. 이온이가 버스 문 앞에서 손짓했다. 세륜이는 감동할 틈도 안 준다며 장난스럽게 투덜거리며 문으로 향했다. 이온

이가 세륜이의 손을 잡고 버스에서 뛰어내렸다.

세륜이가 바닥에 내리자마자 누군가 세륜이를 와락 껴안았다.

"언니! 어서와!"

세륜이는 너무 놀라 눈을 동그랗게 떴다. 몸을 떼고 자신을 껴안은 사람을 바라봤다. 동생 나륜이와 똑 닮은 모습의 어른이 있었다. 세륜이가 어안이 벙벙한 채 눈을 깜빡거리자 나륜이를 닮은 어른이 말했다.

"나야, 언니 동생 나륜이! 언니가 올 거란 걸 알고 기다렸어. 여긴 30년 뒤 미래야!"

"3, 30년 뒤? 당신이 내 동생 나륜이라고⋯⋯ 요?"

"그렇다니까! 어릴 때 모습 오랜만에 보니까 너무 반갑다. 한 번 더 안아야지!"

동생 나륜이가 세륜이를 와락 껴안았다. 세륜이는 여전히 놀란 상태였지만 자기 앞의 사람이 동생이라는 것은 믿을 수 있었다. 덩치만 커졌지 말투와 행동이 똑같았다.

"내가 올 거란 건 어떻게 알았어?"

"희망 버스 여행에서 돌아온 언니가 다 알려 줬으니까. 여기서 만날 약속도 그때 정했고. 헤헤."

"그렇구나. 그런데 너 이렇게 밖에 있어도 괜찮아? 약은 챙겨 먹었어?"

"아이, 언니도 참. 나 이제 하나도 안 아파. 약 안 먹어도 끄떡없다고!"

"뭐? 어떻게⋯⋯."

"언니랑 화학 덕분이지! 이리 와! 내가 연구소 소개시켜 줄게!"

나륜이가 세륜이를 이끌고 걷기 시작했다. 이온이가 좋은 시간 보내라며 버스에서 손을 흔들었다.

세륜의 실험실

"그런데 연구소라니, 나륜이 네 연구소야?"

"아니. 언니 연구소지! 난 세륜 연구소 관리와 안내를 맡고 있어."

"세륜 연구소? 내가 연구소를 만들었어? 뭘 연구하는 곳이야?"

"아하하, 본인이 그걸 물으니까 너무 재밌다. 상세한 건 당사자와 직접 얘기해 봐."

나륜이는 연구소 안뜰을 걸으며 여행은 즐겁냐고 물었다. 세륜이는 바로 직전까지만 해도 혼란의 연속이었다며 괴로운 기억들을 털어놓았다. 나륜이는 그 경험 덕에 미래가 달라질 수 있었다고 위로했다. 창밖에 정원을 가로질러 흐르는 시냇물이 보였다. 세륜이가 물었다.

"이 미래에서는 계곡에서 수영할 수 있지?"

나륜이가 별스러운 소리를 듣겠다는 듯 호탕하게 웃으며 답했다.

"언니, 수영은 물론이고 그냥 길가에 흐르는 아무 물이나 마셔도 돼!"

세륜이가 안심하며 미소 지었다. 연구소에 들어선 두 사람은 어른인 세륜이가 있는 실험실로 향했다. 복도 곳곳에 세륜의 발명품에 관한 기사들이 전시돼 있었다.

> 강세륜 박사, 인공 장기 프린팅 성공! 동생에게 첫 이식 수술

> 동물 실험의 역사 끝맺는다. 인체 조직 바이오칩 전신 100% 구현

> 화석 연료보다 효율 높은 태양광 에너지 저장 장치 개발!
> 세륜 연구소, 기후 변화와의 전쟁 선포하다

> 세륜 연구소, 폐플라스틱 생분해 신기술 상용화!
> 전 세계 플라스틱 쓰레기 섬 없앤다

> 바다 사막화 원인 규명, 화학 기술로 황폐화된 바다 되살린다

> 강세륜 또 해냈다. 핵폐기물 처리 기술 개발.
> 노후 원전 모두 가동 중지 조건으로 원천 기술 국가에 기증.

걸어도 걸어도 끝이 없이 전시물이 이어졌다. 세륜이는 미래의 자신이 이런 일들을 해냈다는 사실이 신기하고 놀라웠다. 세륜이가 자기도 모르게 "정말 대단하다"라고 중얼거리자 나륜이가 소리 내서 웃으며 "그렇게 감격

스러운 표정으로 자화자찬하다니"라고 놀렸다. 복도 끝에 다다르자 '세륜 실험실'이라고 팻말이 붙은 문이 나왔다. 나륜이는 잠금장치를 해제하고 세륜에게 말했다.

"자, 들어가! 언니가 언니를 기다리고 있어."

세륜이는 조심스럽게 문 안으로 들어갔다. 그동안 봤던 실험실들과 다르게 내부에 식물이 가득했다. 바닥 곳곳이 뚫려 있어 흙이 그대로 드러나 있었다. 실험 기구와 나무들 사이로 일정한 부피의 액체를 옮기는 유리관인 피펫을 들고 있는 사람이 보였다. 어른으로 자란 세륜이었다. 하얀 실험복을 입은 어른 세륜이가 피펫을 눈높이로 들고 뚫어져라 보고 있었다. 세륜이가 조심조심 다가가 인사하자 어른 세륜이가 화들짝 놀라며 피펫을 놓쳤다.

"으악!"

"엇차! 휴, 잡았다. 잘 놀라는 성격은 어른이 돼도 여전하네."

세륜이가 피펫을 잡으며 말하자 그제야 어른 세륜이가 누군지 알아보고 반갑게 맞았다.

"와, 세륜! 30년 전에 했던 여행이지만 다시 봐도 신기하다. 얼른 들어와."

어른 세륜이는 가운을 벗으며 실험실 안쪽으로 들어갔다. 천장을 뚫고 자란 나무 아래에 자리 잡고 앉은 두 사람은 한참 신나게 대화를 나눴다. 가족 얘기도 하고 친구들 얘기도 하고 서로 궁금한 것들을 묻기도 했다.

어른 세륜이가 나무둥치에 기대며 말했다.

"드디어 만났구나. 30년 기다렸어."

"우리 제대로 된 미래를 만드는 데 성공한 거지?"

"그래. 희망 여행을 마치고 나는 온 힘을 다해 화학을 공부했어. 특히 생화학 연구에 몰두해서 3D 생체 프린팅 기술로 나륜이에게 건강한 폐를 줄 수 있었어. 나륜이랑 처음 전속력 달리기 하던 날이 잊히지 않아."

"난 조금 전에 또 다른 미래에 다녀왔어. 그 미래에서는 화학 기술이 끔찍한 결과만 낳았어. 여기서는 화학이 어떻게 쓰이고 있어?"

"이 시대의 화학은 단순히 편리만을 위한 기술이 아니야. 자연적인 힘만으로는 해결할 수 없는 어려운 문제들을 해결하고 다른 생명체와 공생하는 기술로 자리 잡았어."

"예를 들면 어떤?"

"동물 실험을 대체할 수 있는 바이오칩이나, 햇빛을 이용해 에너지원을 만들어내는 인공 광합성 기술, 축산업과 양식업을 종식시킨 대체육 개발, 기후 변화를 막는 이산화탄소 포집 기술 등, 셀 수도 없는 훌륭한 화학 기술들이 지구를 친환경적으로 발전시키는 데 기여했지."

어른 세륜이는 또한 새로운 화학 물질을 만드는 기준도 아주 까다로워져서 독성이 있거나 환경 오염을 유발하는 물질은 절대 팔 수 없게 됐다는 얘기와 자연 분해되지 않는 일회용품은 10년 전에 아예 사라졌다는 얘기도 들려줬다. 세륜이는 어른 세륜이의 말을 들으며 기쁘고 벅찬 느낌이 들었다. 세륜이가 말했다.

"정말 다행이야. 나 사실 화학의 발전이 일으킨 문제들을 보고 화학을 아예 버려야 하는 게 아닌가 걱정했거든."

"그런 생각을 했던 적도 있었지. 그런데 그건 답이 아니더라. 문명화된 세상에서 우리는 절대 화학에서 자유로울 수 없어. 게다가 과거에 저지른 실수들을 바로잡으려면 더더욱 화학이 필요하니까."

"도망치는 게 아니라 제대로 마주해야 한다는 거지?"

세륜이가 이온이의 말을 떠올리며 잘 안다는 듯 말했다. 어른 세륜이가 고개를 끄덕이며 자리에서 일어났다. 어른 세륜이는 실험실을 조금 더 구경시켜 준 뒤 함께 복도로 나왔다. 안뜰에서 산책하던 나륜이가 달려왔다.

"이야기는 잘 끝났어?"

"이야기 다 하려면 끝도 없지. 하지만 이온이가 기다리니까 이제 보내 주려고."

"그래 이제 떠날 때가 되긴 했네."

세륜이는 건강한 모습으로 웃고 있는 어른 세륜, 나륜이와 나란히 걸으며 꼭 이 미래로 오고 싶다고 생각했다. 멀리서 노란 희망 버스가 보였다. 세륜이가 마지막으로 어른 세륜이에게 물었다.

"그런데 정말 내가 이 모든 걸 이루어낸 거야?"

어른 세륜이가 고개를 저으며 답했다.

"아니, 물론 나 혼자만의 힘으로 이 미래를 얻은 건 아니야. 이온이는 나

말고도 아주 많은 아이를 만나 행복한 화학에 대해 알려 줬어."

"뭐?"

"이온이가 수십, 수천 번 희망 여행을 반복하는 동안 안전하고 지속 가능한 미래를 꿈꾸는 아이들이 전 세계에 잔뜩 생겨났어. 그 친구들이 함께 자라 지금에 도달할 수 있었던 거야."

세륜이는 가슴이 뜨거워지는 느낌이 들었다. 왜 이온이가 그토록 열심히 자신을 설득했는지 비로소 알 수 있었다. 이온이는 과거를 바꿀 수 없는 대신 미래를 바꾸기 위해 최선을 다하고 있었던 것이다. 자기 세계에서 그랬던 것처럼, 지구에도 '행복한 화학'이 올 수 있기를 바랐으니까. 세륜이는 얼른 이온이를 보고 싶다고 생각했다. 그런데 그 말을 입 밖으로 꺼내 버린 건지 어른 세륜이가 손가락으로 앞을 가리키며 말했다.

"바로 저기 있어!"

　세륜이는 고개를 들고 어른 세륜이가 가리키는 곳을 봤다. 아르곤과 이온이가 버스 앞에서 두 팔을 흔드는 것이 보였다. 세륜이는 어른 세륜, 나륜이와 포옹한 뒤 희망 버스를 향해 힘껏 달렸다.

이 공룡이 나였다고? 진짜 미래를 위한 화학

　희망 버스에 오른 세륜이는 다짜고짜 이온이를 끌어안았다. 그리고 자기를 이곳에 데려와 줘서 고맙고, 왜 아무것도 하지 않았냐고 화내서 미안하다고 말했다. 이온이는 하나도 미안할 거 없다며 세륜의 등을 두드렸다. 세륜이가 안심하며 이온이를 떼어내고 자리에 앉았다.

그런데 여전히 한 가지 마음에 걸리는 것이 있었다. 최고의 미래를 보면서도 내내 떠나가지 않던 걱정이었다. 안전띠를 매면서 세륜이가 물었다.

"이온, 지금 보고 온 미래도 결국 여러 '가능성' 중의 하나인 거지?"

"응."

"그럼 잘못하면 여전히 아까 그 끔찍한 미래가 올 수도 있는 거야?"

"맞아."

세륜이는 방호복 없이 기침에 시달리던 아이의 모습이 떠올랐다. 절대 그런 미래가 오게 할 순 없었다. 동생이 건강한 폐를 갖고 그 아이가 마음 놓고 공놀이하는 미래를 꼭 실현시키리라고 세륜이는 굳게 다짐했다. 주먹을 꽉 쥐며 세륜이가 말했다.

"이온, 나 제대로 화학을 공부할 거야. 1부터 100까지. 100부터 10,000까지. 차근차근 다 공부할 거야. 그리고 생명을 해치지 않으면서 세상을 살리는 진짜 화학을 연구할 거야."

"응, 너라면 할 수 있어. 난 알고 있어."

의지로 불타는 세륜이와 달리 이온이는 태연한 얼굴로 대답했다. 세륜이는 자기가 잘못 이해한 건가 싶어 다시 확인했다.

"하지만 미래는 여러 가지 중 어떤 것일 수도 있다며."

그러자 이온이가 고개를 끄덕이며 다정하게 말했다.

"응. 가능한 모든 미래에서 세륜이 너는 항상 행복한 화학을 위해 노력하는 사람이거든."

이온이의 대답을 들은 세륜이는 눈물이 나올 것 같았다. 모든 미래에서 자신이 최선을 다하고 있다는 사실도 기뻤고, 그 모든 미래에서 이온이가 자신을 지켜보고 있었다는 사실도 울컥했다. 미래를 여행하는 이온이가 실망하지 않도록 정말 열심히 화학을 공부해야겠다고 생각했다.

그때 부워어엉 소리가 들리기 시작했다. 버스가 착륙하려는 것 같았다. 아르곤이 낮고 서글픈 목소리로 말했다.

"희망 버스, 5초 뒤 마지막 여행지에 도착합니다."

버스 문이 열렸다. 주변엔 건물도 사람도 없었다. 온통 거대한 나무로 빼곡했다. 나뭇잎 하나가 세륜 키보다 컸다. 처음 보는 풍경이었다. 나뭇잎에 손을 뻗으려는데 쿵쿵 땅이 울리는 소리가 들렸다. 거인이라도 나타난 건가 생각하며 고개를 돌리던 세륜이는 비명을 지를 뻔했다.

책에서만 봤던 공룡이 눈앞에 있었다. 너무 커서 한 눈에 들어오지도 않을 정도였다. 세륜이는 잡아먹히는 게 아닐까 걱정하며 버스 안으로 몸을 집어넣었다. 그러자 이온이가 공룡을 보며 작은 목소리로 말했다.

"걱정 마. 널 해치지 않을 거야."

세륜이는 그게 자신에게 하는 말인지 공룡에게 하는 말인지 헷갈렸지만, 어쨌든 용기를 내보기로 했다. 천천히 버스 밖으로 나와 이온이의 옆에 딱 붙어 선 세륜이가 속삭이듯 물었다.

"저, 저거 진짜 공룡이야?"

"응. 여긴 1억 년 전 중생대거든."

1억 년 전으로 왜 온 거냐고 묻고 싶었지만 그럴 타이밍을 놓쳤다. 이온이와 세륜이를 발견한 공룡이 천천히 다가왔기 때문이다. 세륜이는 입을 틀어막고 이온이를 쳐다봤다. 이온이는 여전히 미동도 없었다. 오히려 자기도 공룡을 향해 걸음을 내디뎠다. 세륜이는 뒷걸음질치고 싶은 마음을 꾹 참고 이온이와 함께 전진했다.

몇 걸음 가까워진 공룡은 더 움직이지 않고 가만히 멈췄다. 이온이와 세륜이도 움직임을 멈추고 공룡을 마주봤다. 몇 분 동안 서로 눈을 마주치고 있었다. 자기 얼굴만 한 눈동자를 보면서 세륜이는 두려움이 점점 사라지는 느낌이 들었다. 어쩐지 공룡과 대화를 나누고 있는 것 같았다. 이온이가 공룡에게 시선을 둔 채 세륜이에게 말했다.

"저 공룡은 세륜 너였던 공룡이야."

세륜이는 깜짝 놀라 반문했다.

"뭐? 그럼 내가 공룡의 환생이란 말야?"

"하하, 그거랑은 좀 달라. 저 공룡을 이루고 있는 원자 중 일부가 지금 네 몸 어딘가에 있거든. 수억 년간 모습을 바꾸다가 너를 이루는 물질이 되었지."

세륜이가 놀란 가슴을 쓸어내리며 그런 뜻이냐고 말했다. 하지만 막상

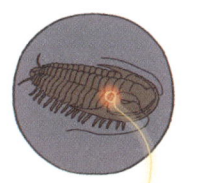

공룡이었던 원자가 자기 속에 있다는 것이 멋지게 여겨졌다. 이온이가 계속 말했다.

"공룡만 그런 건 아니야. 3억 년 전에 살던 삼엽충 속에 있던 원자도 있을 수 있고, 7천만 년 전에 내린 빗물 속 원자가 있을 수도 있어. 일일이 추적하려면 시간이 좀 걸려서 그렇지."

이온이는 세륜이와 여행하는 동안 찾아낸 공룡이라며 자랑스럽게 말했다. 세륜이는 자기를 이루는 원자들이 잘게 쪼개져 지구를 여행하는 상상을 했다. 공룡을 이루던 물질들이 쪼개져 세륜이도 되고 나무도 되고 바다가 되기도 한 것처럼, 한 데 모여 '강세륜'을 이루던 원자들도 또 자연으로 돌아가 다른 모습으로 변할 것이다. 그러다가 또 쪼개져 다른 모습으로 결합하고, 붕괴하고, 그것을 반복할 것이다.

세륜이는 아주 긴긴 시간을 생각했다. 이온이가 말했다.

"이 세상이 순환하려면 모든 것

144

은 적당한 시간 동안 머물다가 자연스럽게 쪼개져야 해. 그래야 새로운 존재가 생겨날 수 있으니까."

"그래서 오래 두어도 썩지 않는 물건을 많이 쓰면 안 되는 거구나."

"맞아. 나였던 산소 원자가 영원히 플라스틱 빨대에 갇혀 한 자리에 묻혀 있는 상상을 하면 정말 끔찍해. 그래서 진짜 행복한 화학은 물질의 영원한 순환까지 고려해야 해."

세륜이는 '영원한 순환'을 상상하기 어려웠지만 이온이가 무슨 말을 하는지 조금은 알 것 같았다. 공룡이 서서히 몸을 돌려 반대 방향으로 걸어가기 시작했다. 세륜이는 공룡의 뒷모습을 보며 땅울림 소리에 집중했다. 희망 여행이 이제 마지막을 향해 달리고 있었다.

안녕, 이온

세륜이의 집 앞에 희망 버스가 멈췄다. 버스 문이 열렸지만 세륜이는 섣불리 내릴 수 없었다. 이번에 내리면 다시는 희망 버스를 탈 수 없을 거라는 예감이 들었다. 아르곤이 세륜이에게 손을 들어 보이다가 눈물을 훔치며 버스 뒤편으로 달려갔다. 세륜이도 눈물이 날 것 같았다. 망설이고 멈춰 서 있는 세륜에게 이온이가 다가왔다.

"밤이 깊었어. 가족이 걱정하기 전에 집으로 돌아가야지."

"하지만……."

세륜이가 꿈쩍도 않고 있자 이온이는 실험실로 걸어갔다. 훌쩍이는 아르곤을 스쳐 지나 실험실 찬장에서 웬 상자와 구슬을 꺼냈다. 그러곤 세륜에게 그 상자와 구슬을 건넸다. 세륜이가 물었다.

"이건 뭐야?"

"물통이야. 이걸 찾으려고 밤이 오도록 뛰어다니고 있었잖아."

"아, 맞아. 그랬지……."

세륜이는 동생에게 안심하고 마실 수 있는 물을 가져다주기로 약속한 것이 떠올랐다. 세륜이가 상자를 보며 이온이에게 물었다.

"유리병이야?"

"아니. 내가 발명한 특제 물통. 안에 내가 합성한 필터가 있어서 어떤 물을 담든 동생이 마시기에 안전한 물로 걸러 줄 거야."

"정말 고마워 이온……."

세륜이는 상자를 꼭 쥐고 인사했다. 이온이가 별로 대단한 것도 아니라고 손 사례를 치며 구슬을 내밀었다.

"진짜 내 선물은 이 구슬이야."

세륜이는 상자를 안은 채 구슬을 살펴보았다. 보라색을 띤 투명한 구슬이었다. 크기는 세륜의 주먹 정도 됐고, 안이 비어 있는 것처럼 보였다. 가로등에 비추자 구슬이 반짝반짝 빛났다. 세륜이가 설명해 달라는 표정으로 바라보자 이온이가 말했다.

"이건 우리가 함께 여행했던 순간의 공기를 압축해 둔 구슬이야. 겉면은 내가 직접 개발한 물질로 돼 있어. 지구 어디에도 없는 재질이지. 아무리 세게 던져도 깨지거나 망가지지 않아. 물에도 불에도 강해."

세륜이는 눈물이 왈칵 흘렀다. 이온이가 계속해서 말했다.

"하지만 딱 하나, 바닷물에 닿으면 바로 녹아서 사라져. 그러니까 세륜, 함께 한 추억이 필요할 땐 이 구슬을 봐. 항상 튼튼하게 네 옆을 지킬 테니까. 그리고 네가 괜찮아졌을 때 언제든 바다로 돌려보내 줘."

결국 눈물이 뺨을 타고 흘러내렸다. 세륜이는 힘차게 고개를 끄덕이며 말했다.

"적당한 시간만큼 머물다가 새로운 모습으로 만날 수 있도록 말이지?"

이온이가 더없이 환하게 웃었다. 버스 안에서 아르곤이 오열하는 소리가 났다. 이온이가 불 켜진 세륜이네 집을 가리키며 말했다.

"어서 가 봐. 더 있다간 아르곤 눈물 때문에 너희 집이 침수되겠다."

세륜이는 이온이의 농담에 웃으며 씩씩하게 버스에서 내렸다. 하지만 여전히 발걸음이 떨어지지 않았다. 세륜이가 머뭇거리고 있자 이온이가 다가와 세륜이의 어깨를 잡고 반대 방향으로 휙 돌렸다. 그리고 "안녕!" 속삭이며 가볍게 세륜이의 등을 떠밀었다. 세륜이는 휘청거리며 몇 걸음 앞으로 밀려났다. 그 순간 등 뒤에서 커다란 엔진 소리가 들렸다.

세륜이는 얼른 뒤돌아봤지만 희망 버스는 어디에도 보이지 않았다. 버스가 일으킨 바람에서 옅은 라벤더 냄새가 났다.

노케미족에서 케미족으로 한 걸음

세륜이는 구슬과 물통을 꽉 쥐고 동생이 기다리는 집으로 힘차게 걸어 들어갔다.

문을 열자 나륜이가 걱정스런 표정으로 달려왔다.

"어디 갔다 온 거야, 언니!"

엄마도 콜록콜록 기침을 하며 현관문 쪽으로 나와 세륜이를 쳐다봤다. 그리곤 세륜이의 손에 들린 물건을 보고 말했다.

"그래, 늦은 시간에 혼자 돌아다니면 위험해. 그런데 그 물건들은 뭐니?"

낯선 물건을 마주한 엄마의 목소리가 날카로웠다. 세륜이는 침을 꿀꺽 삼키고 말했다.

"나륜이가 맘 놓고 물을 마실 수 있는 필터가 들어간 물통이에요. 이 구슬은 제 친구가 준 거고요."

"뭐? 필터? 그런 필터는 다 믿을 수 없어! 정수기 필터도 그렇게 더럽다는데, 그런 작은 물통을 어떻게 믿어? 절대 안 돼! 그리고 그 구슬도 못 보던 재질 같은데, 당장 내려놔!"

"엄마, 아니에요. 괜찮아요. 이건 믿을 수 있는 물건이에요."

"믿을 수 있는 건 없어!"

엄마는 세륜이에게 다가와 물통과 구슬을 빼앗으려고 했다. 세륜이는 이온이가 준 물건들을 지키려 몸을 웅크렸다. 엄마와 세륜이가 실랑이를 하는 동안 구슬이 바닥에 떨어졌다. 엄마는 여전히 강경했다. 세륜이는 엄마를 어떻게 설득해야 할지 머릿속이 복잡했다. 그때 나륜이가 다가와 바닥에 떨어진 구슬을 들어올렸다.

"와, 참 예쁘다. 이거."

나륜이가 전등불을 향해 비춘 구슬에서는 옅은 보라색 기운이 감돌았다. 나륜이가 말했다.

"아주 맑고 좋은 냄새가 나."

나륜이는 처음으로 보는 물건에 조금의 경계심도 보이지 않고 얼굴을 갖다댔다. 이상하게 평화로운 정적이 거실에 찾아왔다. 엄마가 나륜이를 쳐다보는 동안 세륜이가 손에 힘을 줘 물통을 빼앗았다. 그리고 나륜이에게 다가갔다. 나륜이가 말했다.

"언니, 나 목 말라."

"응. 언니가 그래서 안전한 물 챙겨왔어."

세륜이가 컵에 물을 따르는 모습을 보며 엄마가 말했다.

"그게 대체 뭐니? 정말 나륜이가 먹어도 괜찮다고 장담할 수 있어?"

세륜이는 입술을 꾹 다물었다. 이온이를 떠올리며 목소리에 힘을 주어 엄마를 향해 말했다.

"네. 엄마, 이건 화학을 아주 잘 아는 친구가 절대로 인체에 해롭지 않도록 주의를 기울여서 만든 물통이에요."

"화학이라니, 너 그게……."

세륜이는 엄마의 얼굴이 파랗게 질리는 모습을 보고 더는 엄마가 말을 할 수 없도록 빠르게 덧붙였다.

"엄마, 화학은 무조건 나쁜 게 아니었어요. 제대로 써야 우리도 보호받을 수 있어요. 제대로 알아야 다시는 이런 일이 안 생겨요. 우리를 지키려고 화학을 멀리해 왔던 거 알아요. 저도 그게 답인 줄 알았어요. 그런데 아니에요. 화학을 모르고 화학에서 도망치려고 하면 더 나쁜 화학이 우리를 쫓아올 지도 몰라요."

"……."

"나는 화학을 아주 열심히 공부해서 사람의 생명을 지키고 지구 위 모든 생물들의 터전을 지키는 화학자가 될 거예요. 나륜이도 엄마도 마음 놓고 쓸 수 있고 편하게 살 수 있는 세상을 만들 수 있도록요."

세륜이의 눈빛은 더할 나위 없이 강하게 반짝였다. 거실에는 나륜이가 꿀꺽꿀꺽 물을 마시는 소리만 맴돌았다. 엄마는 세륜이의 눈을 보다가 고개를 절레절레 흔들며 말했다.

"노케미족으로 사는 게 너희에게도 많이 힘들었던 거구나. 이해해. 하지만 우리는 나륜이와 너를 위해서 그런 거야."

엄마는 세륜이의 말을 레고를 갖고 놀고 싶어 하는 투정 정도로 받아들이는 것 같았다. 노케미족 생활에 지쳐서 화학 물품을 쓰고 싶어 하는 거라고 생각하는 모양이었다. 하지만 세륜이는 실망하거나 화나지 않았다. 그런 엄마의 마음을 이해할 수 있었다. 자신이 이온이와 다녀온 긴 여행은, 엄마에게는 찰나일 뿐이니까. 그 사이에 세륜이에게 일어난 변화를 이해할 수 없을 터였다.

엄마는 물 한 모금 정도는 괜찮을 거라 생각했는지 아니면 세륜이의 노케미족 중단 선언에 충격을 받은 건지 서서히 몸을 돌려 안방으로 들어갔다. 세륜이는 엄마에게 미안한 마음이 들었지만 걱정하지 않았다. 자신이 있었다. 앞으로 만들어갈 미래와 그것으로 엄마와 아빠의 마음을 서서히 움직이게 할 수 있을 거라는.

물을 다 마신 나륜이가 세륜이를 향해 활짝 웃으며 말했다.

"언니, 이거 내가 지금까지 마셔본 물 중에 제일 맛있어! 어디서 났어?"

세륜이는 밝은 목소리로 답했다.

"엄청나게 멋진 친구가 선물해 줬어."

"우와아, 그게 누군데? 연서 언니? 아니면 유건이 오빠?"

"아니. 행복한 화학 나라에서 온, 이 세상 최고의 시간 여행자 이온!"

나륜이는 처음 들어 본 언니 친구 이름에 고개를 갸우뚱했고 세륜이는 구슬을 꽉 껴안았다. 그러고는 또 다른 형태로 만나게 될 이온이와의 먼 미래를 상상했다.

행복한 화학을 위한 생각 상자

다음 네 가지 질문들에 대해 먼저 자기만의 답을 해보고 내용을 읽어 주세요. 이 질문들에 완벽한 '정답'은 없기 때문입니다. 여러분이 생각하는 '행복한 화학'은 무엇인가요? 질문과 고민을 따라가며 자신만의 답에 도달해 보세요.

1. 화학 기술이 인간에게 꼭 필요할까?

안녕! 난 어른 나륜이야. 본편에서 내 등장이 적었으니까 생각 상자 질문들에 함께 답하는 자리에는 내가 나오기로 했어. 후후, 신나는 걸! 어디보자, 첫 질문. 화학 기술이 인간에게 꼭 필요한가, 나는 '그렇다!'라고 생각해. 내가 지금 이렇게 건강한 모습으로 지낼 수 있게 된 것도 화학 기술의 덕분이었고, 화학에 대한 이해 없이는 세상을 살기가 정말 어렵거든. 애초에 화학을 조금도 모른 채 원시인으로 계속 살아왔다면 화학 기술은 딱히 필요하지 않을지도 몰라. 하지만 이미 인간은 판도라의 상자를 열듯 화학 기술의 포문을 열어 버렸어. DDT가 망친 자연을 다시 되살리려면, 플라스틱이 가득한 지구를 깨끗한 곳으로 되돌리려면 또다시 더 훌륭한 화학 기술이 필요해. 그리고 화학 기술 덕분에 과거보다 훨씬 더 편리하고 새로운 세상을 맞이하게 된 건 누구도 부정할 수 없는 사실이야. 화학이 없었다면 지금 우리가 쓰는 거의 모든 물질이 존재하지 않았을 거고, 여러분이 좋아하는 스마트폰이나 게임, 컴퓨터는 아예 생겨나지도 못했을 거야. 그리고 아파도 치료도 받지 못한 채 타고난 면역력만으로 버텨야 했겠지. 그래서 화학을 몰랐던 과거에는 수명이 아주 짧았어. 지금은 화학 기술로 너무 쉽게 고칠 수 있는 병 때문에 대부분의 사람이 죽었던 거야. 화학은 우리에게 더 발전한 세계, 더 오랜 삶을 선물해 줘. 그래서 나는 '인간'에게는 화학 기술이 꼭 필요하다고 생각해. 하지만 지구에는 어떨까? 인간이 아닌 다른 동물들에게는 어떨까? 그 부분에서는 '필요하다'고 차마 대답할 수 없네. 너희는 어떻게 생각해?

2. 생명을 존중하는 화학이란 무엇일까?

세륜 언니의 여행에서도 잠깐 등장했지만, 위험한 줄 알면서도 그냥 유해 화학 물질을 만들고 또 판매하는 나쁜 사람들이 있어. 내가 아팠던 이유도 그런 사람들이 만든 가습기 살균제 때문이었잖아. 지금 생각해도 화가 난다. 화학자들은 여러 가지 이유에서 화학을 연구해. 지금까지 몰랐던 <u>미시적 세계</u>를 이해하기 위해서, 존재하지 않던 새로운 재료를 만들어 더 편한 세상을 만들기 위해서, 돈이 될 만한 기술을 만들어서 기업에 팔기 위해서, 지적 호기심을 위해서 등등 사람마다 아주 다양하겠지. 하지만 이 모든 이유에서 반드시 선행되어야 하는 것은 '생명에 대한 존중'이라고 나는 생각해. 생명을 존중한다는 것은 자신이 개발한 화학 물질로 특정 생명이 피해를 입거나 고통 받지 않도록 최대한 노력을 기울여야 한다는 거야.

물론 이건 쉽지 않은 일이지. 하지만 무엇보다 중요한 부분이기도 해. 사람이 조금 더 벌레가 덜 파먹은 과일을 먹으려고 수억 마리의 벌레를 죽이는 화학 물질을 만드는 건 괜찮은 걸까? 사람이 피부를 보호하려고 만든 선크림이 산호초를 절멸시키는 일은 괜찮은 걸까? 나는 아니라고 생각해. 생명을 존중하는 화학이란 인간뿐만 아니라 다른 생명까지도 존중하는 화학이어야 해. 원하는 결과를 낼 수 있도록 최대한 노력하면서, 동시에 어떤 생명체를 해치지 않도록 방법을 고민하는 거야.

옥시벤존이라는 성분이 들어간 선크림은 단 한 방울만 바다에 들어가도 산호초의 DNA를 파괴하고 해조류를 죽이고 암반을 하얗게 하는 백화 현상을 일으키는데, 어떤 화학자들은 산호초에게 최대한 해를 끼

● 너무 작아서 눈으로 볼 수 없고 현미경으로만 볼 수 있는 세계.

치지 않고 바다에서도 쓸 수 있는 선크림을 개발하는 데 성공했거든! 바로 이런 게 생명을 존중하는 화학일 거야.

또 이것이야말로 훌륭하고 뛰어난 화학자가 해낼 수 있는 일이고. 우리 언니처럼 말이야!

3. 지구를 생각하는 화학이란 무엇일까?

지구를 생각하는 화학은 지속 가능한 발전과 지구 전체 물질의 선순환을 고려하는 화학이라고 생각해. 그 어떤 발전도 지속 가능성이 없다면 지구를 파괴하고 결국 모두 다함께 파멸에 이르게 할 뿐이거든. 석유 화학을 마구잡이로 사용했다가 탄소 배출량이 급격히 늘어 지구에 열 현상이 일어난 것처럼.

또 화학은 물질의 기본 입자를 쪼개고 조합하는 분야이기 때문에 물질의 순환을 고려해야 해. 지구상에 존재하는 물질의 총 입자 수는 운석이 떨어지지 않는 한 천 년, 만 년이 가도 변하지 않고 총량이 일정하단 말이야. 그래서 모든 자연물은 일정 시간 동안 모습을 유지하다가 저절로 분해가 되어 다른 물질이 되도록 이뤄져 있는 거야.

그런데 인간이 화학 기술을 사용하면서 물건을 튼튼하게 오래 쓰기 위해 썩지 않는 물질을 아주 많이 만들기 시작했어. 예를 들면 플라스틱 같은 거 말이야. 편하다고 잔뜩 만들기는 했는데 무작정 만들고 무작정 쓰다 보니 처치곤란이 되어서 온 세계를 쓰레기 더미로 만들었잖아. 내가 살고 있는 시대는 언니랑 다른 화학자들이 노력해서 옥수수나 대마 등으로 다양한 썩는 플라스틱을 개발했지만, 너희가 살고 있는 시대는 아직도 온 세계가 플라스틱을 비롯한 썩지 않는 쓰레기 때문에 고통 받고 있어.

썩지 않는다고 그대로 있는 것이 아냐. 조금씩 계속 부서져서 치우지도 못하는 상태가 돼서 자연과 몸속에 축적되지. 언니가 아니었으면 지금 내 뱃속이 어떻게 됐을지 상상만 해도 끔찍해. 너희도 어떻게 될지 모르니 절대로 주의해야 해. 지구를 생각하는 화학은 자연스러운 시간 내에 분해되어 다른 물질로 다시 태어날 수 있도록 고민하는 화학이야. 그러니까 너희는 절대로 그런 물건을 쓰지 않도록 주의하고, 혹시 화학자가 된다면 꼭꼭 지구를 생각하는 화학을 연구해 주길 바라!

4. 화학에서 안심할 수 있는 사회를 위해 지켜져야 할 일들은 무엇일까?

우리 가족이 노케미족으로 살았던 건 당시 화학이 '믿을 수 없는 화학'이었기 때문이야. 우리는 화학에 대해 알지 못했고 그것을 기업들은 손쉽게 이용했어. 심지어 정부에서도 화학에 대한 이해도가 낮고 설사 이해하는 사람이 있더라도 기업의 성장에 손을 들어줬기 때문에 더더욱 심각한 문제를 일으켰던 거야. 안심하고 화학을 사용하려면 우선 화학을 잘 아는 게 좋겠지. 더 잘 알수록 나쁜 회사들의 거짓말에 속아 넘어가지 않을 수 있고 문제가 생겼을 때 확실하게 지적을 할 수 있을 테니까.

하지만 모든 사람이 화학자 수준의 화학을 이해하는 것은 당연히 어려워. 그렇기 때문에 법과 제도가 더욱 엄격하고 촘촘해져야만 해. 그러면 기업은 규제가 많아 불편하고 발전하기 어렵다고 불평하지만, 안전을 배제한 발전에는 의미가 없다고 나는 생각해. 국가가 가장 우선해야 하는 건 국민들의 안전이니까.

따라서 화학에서 안심할 수 있는 사회가 되려면 국민들의 알 권리가 철저히 보장되어야 하고, 화학 성분에 대한 자료와 설명이 투명하게 공개되어야 하고, 또 기업은 이를 최대한 이해시키려는 노력을 기울여야 하고, 국가는 기업이 공개한 자료를 엄격히 감시하고 그것이 안전 수칙이 철저하게 지키고 있는지 확인해야 해. 아무리 법이 있어도 제대로 지키지 않으면 소용이 없으니까 말이야. 다시는 나처럼 아픈 어린이가 없었으면 해. 우리 엄마처럼 사회를 믿을 수 없어 고통 받는 사람이 없었으면 해.

그러니까 너희는 화학으로부터 안심할 수 있는 사회를 만들기 위해 항상 화학에 관심을 갖고 열심히 공부하고, 어른이 되거든 화평법, 화관법이 실효성 있게 잘 지켜지는지 시민으로서 잘 감시해 줘!

참고자료 목록

단행본

《원소가 뭐길래》, 장홍제, 다른
《주기율표로 세상을 읽다》, 요시다 다카요시, 해나무
《원소의 세계사》, 휴 앨더시 윌리엄스, 알에이치코리아
《석유바로알기》, 대학석유협회
《퀴리부인은 무슨 비누를 썼을까?》, 여인형, 한승
《호모 케미쿠스》, 손병문·강한기, 알에이치코리아
《안전한 화학》, 한국화학연구원, (주)동아에스앤씨
《케미컬라이프》, 강상욱·이준영, 미래의 창
《멘델레예프의 꿈》, 폴 스트레턴, 몸과마음
《멘델레예프》, 마까레냐·르이세프, 전파과학사
《일곱 원소 이야기》, 에릭 셰리, 궁리
《역사를 바꾼 17가지 화학 이야기》, 페니 르 쿠터, 제이 버레슨, 사이언스 북스
《침묵의 봄》, 레이첼 카슨, 에코리브르
《CHEM 생활 속의 화학》, John L. Hogg, CENGAGE
《화학의 세계》, John W. Hill·Terry W. McCreary, (주)라이프사이언스
《세상을 바꾼 화학》, 원정현, (주)리베르스쿨

보고서 및 논문

〈2015 화학 물질 피해 실태 시민 보고 대회〉, 환경정의·녹색연합·민주사회를위한변호사모임
〈화학 물질노출실태〉, 신용승
〈화학 물질관리법 개요 및 주요 내용〉, 한국화학 물질관리협회
〈화학사고사례 및 예방대책〉, 한국산업위생협회
〈Threat of plastic pollution to seabirds is global〉, pervasive, and increasing, Chris Wilcoxa, Erik Van Sebilleb, and Britta Denise Hardestya
〈미세 플라스틱 현황과 인체에 미치는 영향〉, 류지현·조충연

기사

"가습기살균제 참사 '판박이'…'메탄올 실명 사태' 아시나요?", 〈한겨레〉, 전종휘
"The devil's excrement': How did oil become so important?", 〈bbc〉, Tim Harford
"[과학을읽다]인공광합성, '상용화' 어디까지 왔나?", 〈아시아경제〉, 김종화
"이산화탄소 포집 기술은 완벽한 신재생에너지 시대로 나아가는 브릿지", 〈SOLAR TODAY〉, 최홍식
"플라스틱 6배 빨리 분해하는 효소 나왔다", 〈The SccienceTimes〉, 김병희

기타

〈YTN 스페셜 다큐멘터리〉, 호모 케미쿠스
〈한국환경산업기술원 가습기 살균제 피해지원 종합포털〉, healthrelief.or.kr
환경부, me.go.kr